大家小书

二千年间

胡绳 著

北京出版集团公司
北京出版社

图书在版编目（CIP）数据

二千年间 / 胡绳著．— 北京 ：北京出版社，
2016. 7
（大家小书）
ISBN 978-7-200-12095-0

Ⅰ. ①二… Ⅱ. ①胡… Ⅲ. ①中国历史—古代史—通俗读物 Ⅳ. ①K220. 9

中国版本图书馆CIP数据核字（2016）第077082号

总策划：安　东　高立志　　责任编辑：严　艳

· 大家小书 ·

二千年间

ERQIAN NIANJIAN

胡绳　著

*

北京出版集团公司
北　京　出　版　社　出版

（北京北三环中路6号　邮政编码：100120）

网　址：www.bph.com.cn

北京出版集团公司总发行

新华书店经销

北京华联印刷有限公司印刷

*

880毫米×1230毫米　32开本　7.25印张　119千字

2016年7月第1版　2024年3月第4次印刷

ISBN 978-7-200-12095-0

定价：34.00元

质量监督电话：010-58572393

序　言

袁行霈

“大家小书”，是一个很俏皮的名称。此所谓“大家”，包括两方面的含义：一、书的作者是大家；二、书是写给大家看的，是大家的读物。所谓“小书”者，只是就其篇幅而言，篇幅显得小一些罢了。若论学术性则不但不轻，有些倒是相当重。其实，篇幅大小也是相对的，一部书十万字，在今天的印刷条件下，似乎算小书，若在老子、孔子的时代，又何尝就小呢？

编辑这套丛书，有一个用意就是节省读者的时间，让读者在较短的时间内获得较多的知识。在信息爆炸的时代，人们要学的东西太多了。补习，遂成为经常的需要。如果不善于补习，东抓一把，西抓一把，今天补这，明天补那，效果未必很好。如果把读书当成吃补药，还会失去读书时应有的那份从容和快乐。这套丛书每本的篇幅都小，读者即使细细地阅读慢慢地体味，也花不了多少时间，可以充分享受读书的乐趣。如果把它们当成补药来吃也行，剂量小，吃起来方便，消化起来也容易。

我们还有一个用意，就是想做一点文化积累的工作。把那些经过时间考验的、读者认同的著作，搜集到一起印刷出版，使之不至于泯没。有些书曾经畅销一时，但现在已经不容易得到；有些书当时或许没有引起很多人注意，但时间证明它们价值不菲。这两类书都需要挖掘出来，让它们重现光芒。科技类的图书偏重实用，一过时就不会有太多读者了，除了研究科技史的人还要用到之外。人文科学则不然，有许多书是常读常新的。然而，这套丛书也不都是旧书的重版，我们也想请一些著名的学者新写一些学术性和普及性兼备的小书，以满足读者日益增长的需求。

“大家小书”的开本不大，读者可以揣进衣兜里，随时随地掏出来读上几页。在路边等人的时候，在排队买戏票的时候，在车上、在公园里，都可以读。这样的读者多了，会为社会增添一些文化的色彩和学习的气氛，岂不是一件好事吗？

“大家小书”出版在即，出版社同志命我撰序说明原委。既然这套丛书标示书之小，序言当然也应以短小为宜。该说的都说了，就此搁笔吧。

读《二千年间》

吴　晗

在溽暑中读《二千年间》（蒲韧著），对于我是一帖清凉散。

恰恰在战争爆发前一年和亡友张荫麟先生计划写三本书，讨论了多少次，也征求了许多朋友的意见。拟好了每本书的内容和目录，并且也写好了大部份的草稿。战事一起，荫麟仓卒南下，稍后几天，我也由安南入滇，全部稿件都随北平沦陷了。

到昆明后，搜辑已发表在报章杂志上的论文十多篇，雇人抄录。次年春荫麟从广东来，把这部份稿子整理出版，标为《中国史纲》。打算有一天能重回北平清华园，再发愤共同完成过去的计划，不料荫麟又病殁遵义！接着几年来的不安定和意外的变化，这类太高太美的理想，连做梦都不敢想到。其实，就是大胆梦想一下，即使写成了，还不是替禁毁书添一新名目，多替出版人找麻烦！何况，压根儿也不会有这样不识时务的出版家胆敢接受！在一个什么都是国定的国家。

一个美丽的梦，十年战争把它毁灭了。

梦中的第二本书就是蒲韧先生这本《二千年间》。

十年前，我们在想，为什么这个历史古国，有过司马迁、班固，有过司马光、李焘、李心传，有过刘子玄、郑渔仲、章实斋的国度，有过几百千种史学名著，使后人享用不尽的国度，今天的青年人，会对过去的历史如此无知、淡漠？

理由是很多的，其中之一是学校所用的历史教科书应负大部分责任。

我和荫麟都是吃过教科书的苦头的。

先进小学，小学历史教本从神农黄帝三代一直下来到宋元明清，一笔流水账，满纸人名、地名、年代和战争。五千年的史实缩在一册或两册小书里，一面凹凸不平的小镜子里。

一个七八岁到十一二岁的孩子，即使他禀赋特强，胃口好，也无论如何消化不了这一套无血肉无灵魂的骷髅。

中学了，十三四岁到二十岁左右的青年，能力大一点了，给他一面中号的镜子，依然是坏镜子，全走脱了相貌。还是那一套，还是从五千年前说起，一朝代以后又一朝代，还是更多的人名、地名、年代和战争。份量多一些，武则天、杨贵妃及五胡十六国五代十国之类全上了舞台，当然也会有杨国忠、严嵩、和珅一类人物。

更细的流水账，更坏的镜子。

到大学了，二十多岁越发吃得消，厚厚的几大本，依然是这一套，更大的一个分光镜。除了历史大事以外，还加进了这时代的文化思想咧，更新的还有社会经济咧，疆域表、职官表咧，之类之类。只是，一代一代都是横切面，都是一橛一橛，正如一棵树被硬截断了，再也接不上气，通史其名，不通史其实。

血多了，肉也有，可惜是行尸走肉，没有灵魂。

当然，也不能一笔抹煞，有本把是有一个所谓灵魂在的，一个戈培尔式的阴灵！

小镜子之后是中号，再是大号，简笔流水账之后是细笔，是工笔。

青年人的脑子被挤疲了，背脊也倒了，对所谓本国历史产生了本能的反对感，由畏惧而厌恶而麻痹，完全不感兴趣。

硬要使孩子使青年读一本不可读的书，记忆一大串甚至成仓成库的名词，这是虐待，这是苦刑。

如此，又何怪乎青年人对本国历史无知、淡漠？

对症的办法是适合读者的年龄和兴趣，写三套内容不同，而又可以互相配合的、可读的补充历史读物。

如此，则第一免得浪费读者的精力，读十几年历史还是那一套老调。第二方面多一些，不必在某一套说尽了一切，而又说不到家。第三有一个中心的看法，像一根绳子可以串拢散钱，使读者可以充分明白历史内容，同时也了解历史的发展法则。

开头的一套以人为主，故事式的写法，选择每一时代的代表性的人物，例如孔子、秦始皇、唐玄奘、孙中山等人物，附带的烘托这时代的大事。

第二套是纵剖面的，以事为主，大者如政权，如军队，如教育，如人民生活，小者如衣食住行，要源源本本具体说出了每一所涉及的事物的衍变、发展，是人的生活的历史，进步的历史。

第三套是横剖面的，以时为主。从横的方面去看这一时代，去看这一时代的各方面。该注意的是，这横剖面并不依据旧的王朝起迄来划分，而是依据历史发展的具体阶段。例如鸦片战争是一个历史计程碑，秦始皇推翻世卿政权，建立封建专制政权又是一个明显的界石。计程碑不是孤立的，后面有路，前面还有更长的路。

第三套只印出了第一册。一二两套原稿沦陷了。

十年前的理想，十年后在昆明读到了翦伯赞先生的《中国史纲》第一册，不但完全符合我们第三套的要求，而且更向前进了一步。也读到了许立群先生的《中国史话》，近似我们的第一套。最近读到了《二千年间》，完完全全是我们所设想的第二套，而且，这十年战争的一方面，摧毁了我们的计划，另一方面却使蒲韧先生综结了经验，向前迈进了一大段，比我们十年前的梦想更成熟，更精炼，更有积极的意义。

这本书分为九章，每章分四至五节。

第一章“二千年的鸟瞰”，是总论。第二章“在万人之上的人”，说政权，从皇帝、皇室到外戚宦官。第三章“一种特殊职业——做官”，畅论两千年来官僚政治、封建专制政权的两个轮子之一。第四章是另一个轮子，武力，标题为“又一种特殊职业——当兵”。第五章“一切寄托在土地上”，谁养皇室、养官僚、养军队呢？是农民，又出谷，又出钱，又出力。可是报答呢？是千灾百难。忍受是有限度的，到了饱和点，便爆发了农民战争，第六章的标题是“大地的撼动”。第七章“不安静的北方边塞”，指出了历史上的对外战争，有的是侵略的，更多的是被侵略，不论前者后者，受苦难的总是人民。当被侵略的时代，“当胡骑踏进中原的时候”，第八章的内容是儿皇帝和贰臣，是南渡君臣轻社稷，是不死的人民力量。儿皇帝出卖了民族，人民解放了自己。

最后一章是“逃不了的灭亡命运”，封建专制主义统治内部所包含和外面所遭遇的各方面的困难和危机，内在的矛盾发展，决定了灭亡的命运，“历史又一度证明了统治者无论用怎样顽强的努力来守旧不变，但客观的形势，人民的力量终究会变掉了它”。

最后的一节是“历史不会回头”：“历史的车头轰轰隆隆地前进，把旧的时代撇在后面，产生了新的事物，出现了新的情势，提出了新的问题，向着民主化、现代化的前途猛进，这是谁也违拗不了的前进的主潮。一切眼光向后看，留恋旧的时代，走着倒退的路的力量，都不能不被辗碎在历史的车轮下面。”

这是一本有血有肉有灵魂，活生生的书。

这本书在开宗明义第一章就指出了是关于中国封建专制主义时代的历史的一本书。作者集中全力阐明这主题，分析封建专制主义的统治权力及机构，这种权力所凭借的经济基础，农村，和农村中常常发生的叛乱和骚动，以及异族入犯和侵占的现象。

时代是从秦到清末的两千一百年。历史上封建专制主义的时代。

这本书没有足够的篇幅可以谈关于文化思想上的问题，关于工业的发展也没有专门谈到。

没有求全，因为像过去那种包罗万象的书本只是一间杂货铺。

没有往上滚雪球，虽然愈往上可写的就愈多。也没有往下拉，因为下一时代，我们这一时代是半封建半殖民地的时代。过去的统治者是单纯的道地的地主，而今天，不止是地主，还有地主镀金的买办和纯粹来路货的外国大亨。地主，买办，同时又是官僚，加上外来的统治力，造成今日中国的新灾难，这和过去两千年间是有其截然不同的意义的。

也没有琐碎的考证，因为这本书是叙述的书，是采取已定的论证而综合叙述的书。正如蜜蜂酿蜜，是经过消化的，融会贯通，所以可读，也所以不可不读。

从“无”的方面说，除偶一引用的例证以外，这本书几乎做到了和旧式的教本恰好相反的一个地步，第一人名极少，第二地名极少，第三年号等专名更少。因为本书的主体是二千年来的人民，二千年来统治人民的政权，二千年来人民所受的苦难，是从人民的立场来了解历史，而不是从少数统治者的事迹来曲解历史的。

从“有”的方面来说，作者的叙述是主体的，不是平面的。例如他着重指出二千多年中，虽然一直维持着专制政体，不过在各个朝代，君主专制的程度是有强弱的。由弱趋强的过程，是官僚和军队两个系统的形成和加强。其次作者引用宋神宗和文彦博的问答，文彦博提醒他的主子，是和士大夫共治天下，而不是和老百姓一起治天下。士大夫是靠剥削老百姓生活的，两个敌对的阶层，而皇帝本身又是大地主，是士大夫集团利益的代表人，由此可以明白封建专制主义的经济基础，可以明白两千年间多少次和人民有点点利益的新政，为什么不能推行的原因，可以明白为什么农民变乱无代无之的原由，也可以明白贪污政治的根源。

地主势力统治全国，其具体的表现，就是皇帝个人的专制独裁。那末，今天呢？

作者也指出了没有一个朝代不劝忠教孝，愈是满嘴仁义的大地主代表，如隋炀帝是杀父的凶手，却建立了“孝为天经”的天经宫；有名的仁君唐太宗，不但逼父，而且杀兄杀弟乱伦。除开这些伪君子以外，两千年来的皇帝大半是在精神上不健全、在智力上低能的人。两千年来的人民，就被这样的人——伦理道德堕落到极点的模范——所统治！

在论官僚政治的时候，作者也清楚地指出秦之统一，是官僚政治的始露头角，代替了分权的世卿政治。不过要一直到唐代，官僚政治才达到成熟的阶段。可是官僚虽然大部出身于布衣，却并不代表最下层的劳动人民，而且，平民一入仕途，就立刻变质，成为地主，成为官僚了。和“平民政治”、“民主政治”完完全全不相干，勉强的说也只能说是“官主政治”！

军队和官僚，两支封建专制主义的支柱，君权由上面扩张加强，皇朝凭之而建立、持续。同样，军队和官僚的膨胀也招致了君权的衰弱，皇朝的崩溃，矛盾的发展，构成了过去的历史。

这样一种看法，是别的先出的书本所无的。而在这本书中却以一贯的看法来剥肤理肌，清洗出被涂抹被歪曲的历史真相。

读了这本书，虽然它尽情暴露了历史上的黑暗面，却不会使人悲观。固然它并没鼓励人盲目乐观。它指出从世卿政治到官僚政治，从历史的观点说是前进了一步。从职业军队到人民的军队又大大迈进了一步。这种种进步显示了我们的历史并非春水，在新的经济基础的社会变革中，大地的撼动是会改变历史、会创造历史的。

作者从历史的研究对民族前途具有信心。

读者从这本书的体会，也加强了前进的信心。

这本书把现实和历史联系，从历史来说明现实，也从现实去明白历史。

一本活的史书，经过精密的消毒手术，健全而进步的史书。

在溽暑中，我愿意挥汗向读者介绍、推荐这一本可读的书。

一九四六年八月十二日

目　录

前言

《二千年间》这本书是在1944~1945年间陆续写成的。当时我在重庆的《新华日报》的编辑部工作，我在工作之余用大部分精力学习中国历史。《新华日报》是中国共产党在国民党地区公开出版的惟一的一张报纸。设在重庆郊外的化龙桥的报社周围经常有国民党的特务驻守，报馆工作人员进城出城常有特务追随，所以可以说是在紧张的状态中。但这并不能使我们停止工作和学习。只是在那种条件下我不可能得到任何想读的书。我尽量利用当时能找到的各种不同观点的著作，并且做了很多笔记。《二千年间》的各篇文章就是整理这些笔记而写成的。

在抗日战争结束前二三年间，叶圣陶先生在成都主持由上海移来的开明书店的编辑部，并且主编早在30年代初已在上海创刊，在教育界和学生中素负盛誉的《中学生》杂志。我在抗日战争前已认识圣陶先生，他是我所尊敬的前辈。抗日战争爆发后他到了大后方，但不在重庆。在他有事到重庆时我也曾拜见过他。在我写出这些有关中国古代历史的文章后，寄给在成都的圣陶先生，他很高兴地把这些文章发表在《中学生》上。大约每一个月我就寄一篇给他。在圣陶先生逝世后出版的《叶圣陶集》的第20卷中提到这些文章。那一卷收录了圣陶先生在1944~1945年的日记，其中有他陆续收到这些文章的记载。

在这些文章刊载完毕以后不久，抗日战争胜利结束。回到上海复业的开明书店愿意出版我这本书。当我把这些文章编辑成书的时候，就给了它《二千年间》这个书名。由于在当时情况下我在《新华日报》用的名字出现在《中学生》杂志上是不适宜的，所以改用了“蒲韧”这个笔名。在上海出书时也用这个笔名。

我的这些文章本来是自己学习历史的笔记，并没有想借此对现实有所讽喻，但写文章的时候是在抗日战争已经进行了六七年，而国内政治仍然使人焦虑，由这些客观形势引起的感触不可能不流露到笔端上来。中国的历史上经常有塞外的少数民族进入中原建立政权的事。这些历史旧事和当时的日本军国主义侵略的性质和历史意义完全不同。但就历史上胡骑踏进中原引起的种种反响来说，也确有和现实某些相似的地方。写这些文章时对相同相似之处不免注意较多，而且因为是讲过去的历史，对于当前的帝国主义侵略与前代事情相异，当然就不可能说到了。在1946年开明书店编辑部的先生们处理这本书稿时，把书中有几处说到当前正是抗日战争的话改成了已在抗日战争后的语气，现在我又改回去了。这毕竟是留着抗日战争时期的印痕的书。

也许因为这本书的写作体例可说是别创一格，所以它在抗日战争结束后的年代里出版还颇受到读书界的注意。记得在1946年吴晗同志从大后方到北京路过上海时，曾写了一篇篇幅比较长的文章评论和介绍这本书，发表在上海《文汇报》上。但可惜现在我已经找不到这篇文章了。

这本书出版后三年多全国解放了。在中华人民共和国建立的最初两三年间，因为学校里没有适当的历史教科书，有些地方的中学曾用《二千年间》这本书当做新的教本代替以前暂用的教科书。显然这本书是不适合于这个用途的。我想那时曾用过这本书的老师们是很吃力的。以后虽然有的出版社建议把这本书作为普通读物出版，但没有得到作者本人同意，也就没有再出版过。在《胡绳全书》重印以前唯一的例外是1994年上海书店刊印的《民国丛书》。这套丛书编辑的用意是把被认为还值得保留的民国时代出版的书重印若干以免流失。我的三本书被收入在内，《二千年间》就是三本书中的一本。

（按：本文节选自胡绳先生在1996年为《胡绳全书》第五卷所写的引言。）

一　二千年的鸟瞰

一、纵剖面和横剖面

这本书的名称已经说明了它的性质：这是关于中国封建专制主义时代的历史的一本书。这个时代所占的时间有二千一百多年之久。

中国是一个历史悠久的国家，从纪元前1600年左右起，即已开始有文字的历史纪录。假如根据自古相传的传说和近代考古学家的地下发掘物来研究，那么还可以把中国历史至少更推前一千年。在这全部五千年的历史中间，就我们现在的需要而言，较近的二千年是更重要的，因为封建专制主义时代虽然也已经过去了，但是在这二千年间积累下来了许多历史遗产，对于我们现在的人的生活也还发生很大的影响。所以在这本小书里面，专门拿这二千年的历史作为讨论的对象。

一般的历史书的写法都是根据时间的进行而写下去的。从前有所谓“编年史”的，是一年接一年地记载每年发生的大事。这种笨拙的写法，已为现在历史学所排斥。现在我们所读到的历史书不是一年接一年地写，而多半是一个朝代接一个朝代写的。譬如唐代的事写完了接写宋代的事，再接着写元代的事。或者不按朝代分期，而用别的标准来分成若干阶段，一个阶段接一个阶段地写。为了了解整个时代发展的过程，这种写法自然是好的。但在这一本书里将试用另一种写法。让我们把这二千年当作一个整体，从这里找出若干值得注意的问题，一个个问题地来谈。

这二千多年的历史中包含了很多很大的变动，每一个朝代的情形和前一个朝代的情形自然并不是完全一样的，所以我们可以拿来分成若干阶段，研究每一个阶段的政治、经济、文化思想上的特色。但是因为这二千年，在基本的社会经济性质和政治形态上，都属于封建专制主义时代，所以虽可以划分成若干阶段，但在各个阶段间仍是有着在基本上的共通性的。因此，我们既可以把这二千年的历史从横剖面上看，也可以从纵剖面来看。这本书就是从纵剖面来看这二千年的历史。两种看法都能帮助我们了解历史，假如看惯了横剖面的，再来看看这些纵剖面，或者可以对这二千年来的历史上的许多问题看得更清楚一点。

从纵剖面上看，我们可以从这二千年的历史中找出很多的问题。这本小书只是讨论到几个比较重要也比较有趣味的问题。也还有些重要的问题，在这里放过没有谈到的，譬如关于文化思想上的问题就完全没有接触到，关于工商业的发展也没有专门谈到。我们只希望，这一些并不完全的纵剖面的鸟瞰图能够帮助读者们把过去已有的比较零碎的知识作一次有系统的整理，或者更引起进一步研讨的兴趣。

二、时间之流

时间是历史上的重要因素。假如我们只知道历史上发生过些什么事，有过些什么人物，做过些什么事情，但对于其存在和发生的时间茫无所知，那是不行的。但是老实说，我们的时间观念往往是很模糊的，譬如常听见有人说，“中国已有了几千年的历史”，或者说，“中国专制政治已经有了四五千年”；他竟说不出中国究竟有了几千年历史，而以为在四五千年前已有专制政治，那更是荒谬。

向来中国历史上是以帝王的年号来记年的，这是使人们对于历史上的时间观念不易弄清楚的原因之一。譬如我们纵能记得鸦片战争发生在清朝的道光二十年，仍不易推知这是去今一百年前的事。至于更古代的历史，只从帝王年号纪元上看，更难分别时间的先后迟早。最好的办法还是改用公历纪元。现在的书报上常可见到“16世纪中的交通情形”，“17世纪的中国思想界情形”等说法，就是因为这样说，可以把时间观念弄清楚。

这里我们先来根据公历纪元，把我们对于中国历史上的时间观念整理一下。

前面已经说道，中国有文字可凭的历史始于纪元前1600年左右。从前1600左右到前1100年左右就是所谓“殷代”。现在的历史家多半都承认殷代是中国开始有国家组织的时期。不过这时的国家组织和秦汉以后完全不同。殷代在社会性质上还是奴隶社会时代。

纪元前1100年左右到前770年是西周，有些历史学家认为西周还是奴隶社会，但也有人认为封建时期已从此开始。不过西周的社会政治情况，和秦汉以后，无论如何，总还是有很大的区别。

纪元前770年，周朝的首都迁到洛邑，所以以后即称为东周。留传至今的一本最古的历史书《春秋》，按年记载着从前722年到前481年的事，后人即称这二百四十年为春秋时期，也有把这时期延长到前453年的。春秋以后是战国时期。（前人多以战国始于前403年，于是春秋与战国之间就有数十年的间隙了。）有些历史学家认为春秋战国时期是从奴隶社会渐渐转入封建社会的一段时期。至于封建专制主义，在战国时期已经渐露端绪；到了纪元前221年，即秦始皇统一中国的那时候，于是战国时期便告结束，而进入了本书中所讨论的二千年间的范围了。

从纪元前221年到清朝末年（清朝亡于1911年）这二千一百余年间，朝代变换纷纭。我们试制下面这一个表，来帮助我们对于时间过程获得一个概括的印象。——在这表里，把介于西汉、东汉之间的王莽称帝时期（他的国号称新），和唐宋之间的五代时期当做我们来记忆历史年代的两个指标。因为前者正是在公元初年，后者则正占了第十世纪的上半世纪，去今恰恰一千年。这两个时期极易记得，所以用来做指标。以这两个指标为根据，我们可以看出，在五代十国以后的一千年间大致是由宋明清三代各占三百年，而宋明之间的元代占一百年。从新到五代之间的九百年是东汉、魏晋、南北朝、隋各占二百年，再加上唐代三百年。新以前是西汉二百年和统一的秦代十五年，再以前就是春秋、战国各约占三百年。把这一个“时间表”记在心头，对于我们认识中国史是有必要的。至于表中所列各朝代的起讫年代，是根据惯例记下的，并不值得都记住。

表中又有“大事记”一项，自然是极不完备的，只包含本书中以后将要谈到的一些最主要的大事。

朝代	约占年数	世纪（约计）	实际年代	大事记
东周（春秋）	300年	前8~前5世纪	前770~前480年	
战国·秦	300年	前5~前3世纪	前480~前207年	秦统一，前221年 陈胜、吴广起义，前209年
西汉	200年	前3~前1世纪	前206~8年	汉武帝，前140~前87年
新	20年	1世纪初年	9~23年	
东汉	200年	1~3世纪	23~219年	党锢之祸，始于166年 黄巾造反，始于184年
魏晋	200年	3~5世纪	220~420年	五胡之乱，始于304年 晋东迁，317年
南北朝·隋	200年	5~7世纪	420~618年	隋统一南北，583年

续表

朝代	约占 年数	世纪 （约计）	实际 年代	大事记
唐	300 年	7~10 世纪	618~907 年	安史之乱，始于755 年黄巢造反，始于 874 年
五代	50 年	10 世纪 上半叶	907~960 年	割燕云十六州于契丹，936 年
宋	300 年	10 世纪中叶～ 13 世纪中叶	969~1276 年	王安石当政，1069~1076 年 宋南迁，1127 年
元	100 年	13 世纪中叶～ 14 世纪中叶	1276~1368 年	各地民众起义造反，大规模始于 1351 年
明	300 年	14 世纪中叶～ 17 世纪中叶	1368~1644 年	李自成等造反，1628 年
清	300 年	17 世纪中叶～ 20 世纪初	1644~1911 年	鸦片战争，1840 年太平天国，1851~1864 年 戊戌政变，1898 年

三、速写一个轮廓

我们说这二千年间是封建专制主义时代，并不是说，这二千年间的中国一直不断地保持着统一大帝国的规模。固然在秦汉极盛时，所辖疆域已和现在的相距不远，但是在这二千年间由一个统一的政权统治着这全部国土的时期并不很多。往往是一部分国土为外族侵略者所占领，或者是地方势力膨胀，中央统治虚有其表，或者是几个政权对立形成国土分裂的形势。但这些情形都不足以妨碍这时期的社会政治的性质是封建专制主义的。假如我们以为自秦以后，自始至终都是统一的大帝国，其间一个个朝代相继嬗递，纵有分裂和纷乱的时期，也只是偶然的，一时的，不重要的现象——这种想法，只要和实际史实一对证，就知道是完全错误的了。

前节所列的表中，各朝代起讫年代，我们已申明，只是根据传统惯例而说的。事实上朝代的兴亡之际总是要个相当时期的混乱不安的。就拿秦汉两代交替的时期来看，秦始皇的统一大帝国实际上只维持到死的时候，一共十二年（纪元前221~前210年）；人民的起义，被灭亡的六国贵族的蜂起，最后发展为项羽、刘邦两大势力之争，经过八年的兵戈扰攘，到了前

201年，刘邦才成为统一的汉朝皇帝。

汉王朝从外表看去是维持统一最长久的一个朝代，以东西汉合计，共有四百年。但是名义上的统一有时并不和实质相符。西汉初的五六十年间，各地方仍有实际上独立的王国，所以纪元前154年还有“七国的叛乱”。汉武帝时（纪元前140~前87年）总算是开始了真正统一的汉帝国。王莽篡夺了西汉政权，但无法维持已趋颓势的统一局面。又经过十多年的内战，才由刘秀（东汉光武帝）再建统一的汉王朝。东汉名义上继存到220年（纪元后），但黄巾的人民起义和地方军阀的割据擅权，使得东汉的最后三四十年，已不能称为统一帝国了。所以这四百年中，真正保持着统一的时期其实不超过三百年。

汉以后是三国。旧历史家曾有“正统”的论争，有以三国中的魏为正统的，也有以蜀为正统的。这其实是毫无意义的论争，我们还是老实承认这是三国分裂的时期。280年，晋灭吴国，总算结束了继续将近一百年的东汉末与三国的混乱。但晋在名义上统一全土，只有二十多年。既因统治者间的内战，又因北方异族（所谓“五胡”）的入侵，中国国土上又开始了复杂的分裂。304年匈奴族的刘渊自立为汉王，先后攻陷晋的首都洛阳和长安，终于把晋政权逼得逃到长江流域去立国。广大的北方土地上形成了“五胡十六国”的局面。其实还不止十六国，许多小国此伏彼起，互相并吞，争战不已，直到440年，才由鲜卑族的拓跋氏统一了北方，就是历史上称为北魏或后魏的。这时在南方已换成宋（420年）。以后北方的魏又分裂为东魏、西魏，再嬗递为北齐和北周。在淮水以南的南方，宋齐梁陈四朝相继，保持着名义上的统一。等到隋朝以北方为根据地，统一了南北，再建大帝国时，已在第6世纪的晚年。从汉朝开始瓦解时算起，到了这时，相距已经有四百年。这四百年（就是三国、两晋、南北朝，或简称魏晋和南北朝）整个看起来，可说是一个大分裂的时期。这样长期的分裂战乱的局面所起的作用，倒不只是破坏。这可说是一次艰难的阵痛，由此结束了秦汉的古代封建专制主义文化，萌生了中古最灿烂的唐代文化。

隋对于唐的关系类似于秦对汉的关系。隋唐之际也有十多年的农民叛乱“群雄纷起”的时期。唐开国后第十年才“削平群雄”，建立统一大帝国，使社会在比较安定的情形下过了一百三十年。这也就是唐代的黄金时期。但到了“安史之乱”以后的一百五十年中，唐朝的统一又已徒有其表。它所实际统治的区域只在黄河以南，黄河以北都在“藩镇”割据之下，每一藩镇俨然是一小王国，也互相征伐并吞，这就下启了分裂的“五代十国”的局面。（五代因为是定都汴洛，占领中原区域，相继代兴，所以旧历史家认它们是“正统”，但实际上，当时还有十个以上的国家和它们并峙。）

五代时的后晋石敬瑭，引进了契丹兵，把山西、河北的北部地方都献给了契丹人的辽帝国。从此以后，直到元朝崩溃时，一共四百多年，东北和华北的主要区域始终是沦陷在异族统治下。宋朝继五代而兴，在开国后的第二十年（980年）统一南北，虽然内部专制统制比前代加强，但是对于外来的异族侵略却无力应付，终于被逼得退却到长江流域，整个北中国都为女真族的金帝国所统治。——在南宋的一百五十年间，恢复了过去南北朝的形势。但这回结束南北对立却是蒙古人的铁骑席卷而来，于是中国国土第一次全部为一个异族侵略者所统治。

蒙古人的元朝只占了一百年，它的统治十分惨酷，而中国人民的反抗也十分激烈。元朝的最后二十年，实际上已有人民起义的政权建立于南方和它对峙。于是接下来就是明朝。

明朝恢复了秦汉时的疆域，成为一个统一的大帝国。内部的专制统治的强化更是前所未有。所以到了明末就发生了继续二十年之久的规模浩大的农民造反。满洲乘明政权崩溃之时入关，于是中国国土又一次全部为异族侵略者所统治。这一次竟延长到二百七十年之久。

清朝以四十年的武力经营统一了中国，承继明朝而实行极端的中央集权，更加上种族的压迫。但其统一的全盛时期也只维持了一百五六十年。从海上来了资本帝国主义的侵略，从人民中起来了反异族压迫的巨大骚动，封建专制主义社会从根本上动摇了起来。所以我们可以把1840年的鸦片战争看做是封建时代结束的一个标识。从此以后，中国渐渐踏进了半封建半殖民地的时代。

以上可说是对于这二千年间的国家形势发展的一个简略缩写。由此，我们可以看到，在这长期的封建专制主义时代，维持和平统一，从而经济繁荣、文化发展的时期是并不很多的，常常受到战争、分裂和侵略的扰乱，这是为什么缘故呢？由本书以下各篇所述可以得到对于这问题的答复。所以以下我们要先来分析封建专制主义的统治权力及其机构，再讨论到这种权力所凭借的经济基础——农村，于是就可以进而研究在封建时代农村中常常发生的叛乱和骚动。然后，我们再讨论到在封建专制主义时代也常常发生的异族入犯和侵占的现象。

二　在“万人之上”的人

我们这一辈人都是生活在没有皇帝了的国家中。我们绝不会觉得，必须有一个皇帝高高地在我们头上，才能生活下去。但是在三十年前，落后的农民中还有存着“真命天子坐龙廷”的希望的人；二千年来，一切有知识的人也都以为“国不可一日无君”是绝对的永远的真理。这种种想法，在今天我们看来，却都是可笑的，不可理解的了。

其实这种种想法也并不是不可理解的。正因为二千年中，中国社会一直是在君主专制的政治下面，当时的历史条件使人们想象不出来，假如没有皇帝，整个国家和社会怎样还能继续维持下去。当时不仅社会国家中占统治地位的人如此想法，就是被统治的人也只能如此想法，因此他们在暴君的压制下喘不过气来的时候，只好希望能产生一个善良的“真命天子”了。农民战争虽然是和当时的专制统治绝对对立的，但在农民中还是要产生自己的皇帝，他们还没有可能提出如我们今天大家所知道的民主政治来代替君主专制政体。

现在我们是谁都知道了，皇帝对于一个国家并不是必要的东西，君主专制政治远不及民主政治完善。但是中国历史上的君主专制政治到底是怎么一回事？它到底表现出了些什么罪恶？它又为什么能够维持得这样长久？这是很值得我们谈一谈的。

一、专制皇帝的产生

秦始皇是中国历史上的第一个皇帝。在他以前，没有皇帝，只有王。从“王”到“皇帝”，并不只是名称的改变，周代的王和秦以后的皇帝，是有着完全不同的性质的，因为在周王之下有许许多多的诸侯，每一诸侯的领土就称为一国，在诸侯国内的政治财政军事都不是王所能直接干预的。而且在每一诸侯国内，也不是一切实际权力都操在诸侯手里，因为诸侯下面还有许多所谓卿大夫，他们各自分据着一定的领地，世代传袭。这是在所谓春秋时期的情况。到了战国时期，许多小诸侯国互相兼并，结果只有七个大国。这并立的七国先后都自称为王，每一国的王，渐渐能把自己国内的政权力量统一起来集中在自己手里，这七国就可说是七个专制王国。这也就是说，在那时，君主集权的专制政治已渐渐地形成了。齐秦两国，在战国末期，已曾废弃了王的称号，借用原来称呼天上的大神的称号——“帝”来称呼自己了。直到秦始皇并吞六国以后，更采用了皇帝这一称号，君主集权的专制政治也在这时候确立了。

自从秦以后，二千多年中，朝代虽然不断更换，但专制政体是一直继续维持着的。不过在各个朝代，君主专制的程度有强有弱。汉的君主专制程度其实并不很强，到了魏晋南北朝，在分裂混乱的局面下，那就更弱了。隋唐的君主专制程度较强。宋时虽然国势很弱，但君主专制程度却是很强的。明代和清代的前半期是中国有史以来最强的君主集权的政体。——这里所谓程度的强弱，指的是皇帝所集中的权力大小。我们说，宋明清的君主专制很强，是因为当时全国的一切兵权与政权都在皇帝个人的名义下由中央所控制，一切地方上的官吏都由皇帝指定，皇帝对全国军队都有权直接指挥，一切地方的财赋也由中央支配。但是在汉唐，实际上，还有地方的长官保有兵权，行政用人的权力，和独立的支配财赋的权力。

我们知道，在君主专制政权下面，整个国家都被看做皇帝个人的私产。所以汉高祖刘邦做了皇帝之后，有一次向他的父亲说：“当初你以为我不行，不能够置产业，还不及我们老二。现在看吧，我和老二究竟是谁的产业多些？”这正是露骨地表现了把国家当做私人产业的想法。但是所统治的国家是这样的庞大，用什么方法能使皇帝，不仅在理论上，而且在实际上，成为国家最高的主人呢？那就必须有下述的两套工具，就是在皇帝下面，要有一个普及全国的统一的官僚系统，又要有一个同样普及全国的统一的军队系统。这两套工具完全没有，就不能产生君主专制，这两套工具不充分，就不能产生很强的君主专制。从秦以后，统一而集中的官僚和军队系统逐渐地形成，所以君主政体也就能一步步地由弱而趋强。

对于中国历史上的君主专制政治，有许多错误的见解。有人以为既然是君主专制，可见当时社会上只有皇帝一个人是统治者，其余的全国一切人，在皇帝面前是平等的，同样是被统治者。——这种看法和实际情形绝对不符。光靠一个人的力量统治几千万人，那是任何能干的皇帝所做不到的事情。

有个故事很可以帮助我们的了解。宋神宗曾经采用王安石的主张，实行“新政”，就是对当时的社会经济制度实行一些变革，受到许多大臣的反对。文彦博有一次当面谏劝神宗废除“新政”，神宗说：“这样变动一下，固然是士大夫所不高兴的，但对于百姓有什么不好呢？”文彦博回答说：“陛下，您要知道，您不是和百姓一起治天下，您是和士大夫一起治天下的啊！”文彦博这个话，正是提醒皇帝，你不要自以为真个高踞在“士大夫”和“老百姓”之上，可以一意孤行，为所欲为。皇帝虽然有极大的权力，但这权力，却有个限度，绝不能走到和当时的“士大夫”相对立的方面去。因此，宋神宗终于没有彻底施行所谓“新政”。

这所谓士大夫，其实就是代表当时社会中的地主的利益的人。地主在当时社会中，是以剥削农民大众（“百姓”中的主要部分）而生活的。他们既在经济上处于剥削地位，也就要在政治上处于统治地位。要组织和维持君主专制所必需的官僚系统和军队系统，没有全国地主的支持是不能成功的。假如皇帝所执行的政策根本违背地主的利益，他也就不能成为全国的统治者。

皇帝是全国地主中的最大的一个。所谓“普天之下，莫非王土”，皇帝就以地主的身份来收取租税。像清朝虽然本来是游牧民族，但一做中国皇帝，马上占了几百万亩田地做皇室庄园，因此也成了中国最大的地主。所以正确地说起来，我们应该说：当时全国的统治，权力属于全体地主，其中自然又以大地主更占支配地位，而皇帝则以最大的一个地主的身份来代表全国地主执行统制的政权。

全国地主分居各地，相互间利害不尽相同，为了不致因相互间的矛盾冲突而损害大家的利益，并且为了镇压被统治的人民（主要是农民），使他们俯首帖耳，甘受奴役，那么，一个强有力的全国的统一的政权对他们是有利的。而在当时的社会条件下，地主阶级要建立这样的统一政权，就只能去努力造成一个有无上权威，甚至带有神圣性的皇帝，让一切政权力量集中在这皇帝个人的身上。

另外，对于君主专制政体还有一种错误了解。有人以为君主专制既不表示只有皇帝一个人是统治者，那就可见中国历代的君主专制不过是一个外表的形式，其实却包含着民主的内容。但这种说法，由以上所述也可看出，同样是错误的。中国过去的皇帝和现代英国的King是不能相提并论的。因为英国的政权力量实际上并不操于King的手上，而掌握着最高的立法权的国会是由于民选而产生的。所以King的存在并不妨碍现代英国是一个民主国家。但是在古代的中国呢，固然在皇帝之下有宰相阁臣百官僚吏实际处理行政事务，但这一切官吏都是由皇帝任命而且受命于皇帝的。皇帝的话就是法律，最高的司法、立法、行政之权都集中在皇帝一人手上。

我们应该一面看出，在君主专制政体下，并不就是皇帝一个人来统治全国，一面又要看出，整个地主统治势力正是通过了皇帝这一个人来实行统治的。这也就是说，我们应该一面看出，所谓国家属于皇帝个人所私有，其实际的意思乃是国家是在地主势力支配下，因为皇帝正是地主的代表。一面又要看出，地主势力统治全国，其具体的表现就是皇帝个人的专制独裁。

明白了在中国历史上的君主专制政体的实质后，我们就可进而说明君主专制政体的具体表现了。

二、皇帝是“天生的圣人”么

做皇帝的人，自然也和普通人一样，同样是圆颅方趾，经过十月怀胎生出来的人。但是当时统治者为了提高皇帝的威权，巩固他的地位，便造出许多神话来使人民相信皇帝是“天生的圣人”，并不和一般凡人相似。皇帝被称为“天子”，这就是说，他是天的儿子，和凡夫俗子迥然不同。只有皇帝才有资格祭天。这是说只有皇帝是能和神灵相接近的。每逢水旱天灾，皇帝常自认这是自己的罪过。这仍是表示，皇帝的一言一行都会影响自然现象的。更有许多故事，或者是说，皇帝在生下来时，就有异兆；或者是说，皇帝能够役使鬼神，连鬼神也怕他；或者是说，皇帝在遇到灾难时，就有神灵暗中佑护他，等等。譬如《史记》上载道：汉高祖刘邦的母亲，有一天在野外，有龙降到她身上，才怀胎生下了刘邦。我们从《三国志演义》中不也曾看到后汉的陈留王（就是后来的献帝）出宫避难时，黑夜中有萤火虫成群为他引路的故事么！我们从《岳传》中不又曾看到康王（后来的南宋高宗）在金兵追赶下，有泥马载他渡河的故事么？造出这种荒谬的故事来，无非是叫人相信这些人之所以能做皇帝，都是“天命”所注定的。因为刘邦由平民的地位一跃而为皇帝，而陈留王虽是刘家子孙，康王虽是赵家子孙，但按照帝王世袭的常规，都还轮不到他们做皇帝，因此当时的统治者就造出这一套鬼话来，证明他们是“天生的圣人”，证明他们的确是“真命天子”，做皇帝正是他们应享的权利。

现在，我们当然不会相信“真命天子”这一类的鬼话了。恰恰相反，我们倒可以看出，历代做皇帝的人不但不是天生优异的人，而且其中的多数，当做一个普通人来看，还是很无能很糊涂的人。在这二千年中，大小皇帝一共总有二三百人，但在其中，传统的历史家所公认为有作为有能力的“好”皇帝不过寥寥可数的几个，如汉武帝、唐太宗等。其余的皇帝中的大多数不是庸庸碌碌，便是荒淫无度、昏聩失常的家伙。

这原来正是在皇帝世袭制之下，以及在皇族的生活和实际社会绝对隔离开来的情形之下必然产生的现象。每一个朝代的创业的皇帝，自然都是比较能干的人，他们没有一些才干也不可能从“群雄逐鹿”中获取最高的权位。但以后的皇帝却只是无功无能，坐承祖业的了；而且他们从小就被旁人看做特殊的人，在宫廷里过着和社会完全隔离的生活，对实际社会情形一点不知道，一味过着骄奢淫逸的帝王家的生活。这样的家族一代代传下去，自然是只会在体力和智力上一代代堕落下去的。因此，假如说皇帝和一般人不同，那么我们倒不妨说，这不同之处正在于皇帝中大半是在精神上不健全，在智力上很低能的人。例如晋朝，有半数的皇帝都可说是近于白痴的人。其中最出名的是惠帝，他之所以在历史上出名，就因为他有一次知道了老百姓穷得没有饭吃，便说，为什么他们不吃肉饼子呢？明朝虽是中央集权的君主专制最强的一代，但后半期的皇帝也全是些糊涂虫。像武宗迷信神仙，外寇入侵到北京城附近，焚烧劫掠，连在后宫也看得见城外的火光，但是他的臣下骗他说是城外有火警，他竟也深信不疑。又像神宗，在位四十多年，一连有二十年没有在朝廷上和群臣见过面，据说这个皇帝很有抽鸦片烟的嫌疑——那时正是鸦片初到中国来的时候。诸如此类的皇帝，在每一个朝代都是很多的。

历来，没有一个朝代不是劝忠教孝的。做传统的良好的道德的表率和保护者，也被认为是皇帝的任务之一。我们且不论那所提倡的道德的内容，但可以断言的是皇室内部的实况是和他所提倡的道德绝不相符的。譬如有名的皇帝隋炀帝，是杀死他的父亲的凶手，但他却建立了一个宫叫做“天经宫”，取“孝为天经”的意思，用来纪念他的父亲，提倡孝道。——这个故事再好不过地拆穿了历代专制统治者提倡道德的假面具。历史上杀父的皇帝并不只隋炀帝一人。至于弟兄间的，血族中的相互杀戮的事更是史不绝书。所以假如要讲伦理道德的话，那么我们也可以说，皇族正是伦理道德堕落到极点的模范。

这样生活腐败、精神堕落的人，坐享至高无上的权位，很自然地，就会在行为上表现出极端的残暴来。我们看历史上有许多皇帝，其对待奴婢臣下的行为之酷虐，没有理性，几乎到了极点。譬如明朝自太祖以下好些皇帝都可说是暴君，他们不仅对人民采取极端高压的政策，而且对士大夫也随时表现其无上的权力。任何大臣，上书或进言，稍一触犯了皇帝的意思，当场就会活活地被用棍子打死（所谓“廷杖”）。到了明朝后期的皇帝，其行为之暴虐和能力的贫弱更是以同样的比例而发展。

由此，我们不免发生疑问，为什么当时一切地主士大夫官僚总是死心塌地拥戴他们的皇帝，不管那是暴君也好，是白痴也好，襁褓中的小儿也好？固然，从整个地主阶级利益看，他们既赋予皇帝最高的权位，某些过分残暴的地方也只好容忍，像在明代，因为经过了蒙古人的扰乱，又经过了元末各地人民纷纷起义之后，一种最高度的绝对专制主义政治才能保障对地主们有利的社会秩序，因此地主官僚自然不会因为皇帝是暴君就加以排斥。但是我们知道，暴虐的皇帝并不一定就是能干有作为的皇帝。那种暴虐而无能以及平庸懦弱而又无能的皇帝对于地主统治者有什么用处呢？——把这个问题研究一下是很有趣味的事情。

三、帝位的世袭和换朝易代

我们的问题是：既然从帝位世袭制之下常只能产生无能的皇帝，而皇帝之所以能有大权，又是因为全体地主的支持，地主们把统制权集中在皇帝一人的身上，照理他们就应该要求比较能干的皇帝，那么为什么他们又一定要采取这种只能产生坏皇帝的世袭制度呢？

在这里就存在着看来是很矛盾的现象，既必须把权力集中在皇帝个人的身上，又不可能在世袭制以外采取别的制度。

为了解决这矛盾，历代的士大夫都很重视太子的教育这回事。最早在西汉初，贾谊上疏论政事，就把太子的教育列在很重要的一项。他说："天下之命，悬于太子，太子之善，在于早谕教与选左右。"他以为，太子从小时就该选些好人和他接近，教他些好的道理，以后他登位后，便可做好皇帝了。所以不论哪一朝代，太子教育总被当作一件大事。但是我们知道，单纯注入的教育并不能代替环境的影响，何况太子的教育又是一种最畸形的教育——把太子一个人交给几个博学大臣来灌输一些"圣经贤传"，这哪里会有什么好结果？从贾谊以来的这种主张挽救不了皇室堕落的命运是很显然的。

有什么在世袭制以外的别的制度呢？固然，在中国传统思想中也曾称颂一种所谓传贤而不传子的制度。当时人们相信，上古时，尧为天子，不传给儿子而传给舜，舜也不传给儿子而传给禹。这就是所谓"禅让"。但禅让制虽是在理论上被赞美，却又被认为是一去而不可复返的上古的美制，从来没有人在实际上打算实行这制度。为什么缘故不实行呢？有人说这是因为家族观念使得皇帝不愿把皇位让给别姓的人。但这还不是真正的原因，真正的原因乃是在君主专制政体下根本不可能实行这制度。所谓尧舜禅让本来也是和实际完全不符的传说。

只有在战国时的燕王哙曾尝试行了一下禅让制，把王位让给了子之，结果却造成了国内纷争，差点儿亡国。从秦始皇以后，从来没有一个皇帝企图用这种办法，也没有人主张过应该在实际上拿传贤制来代替传子制。很显然的，所谓贤不贤并没有客观的标准，在当时也不可能建立一种制度（如选举制）来决定公认的“贤人”。假如让皇帝自己来决定下届皇帝应该归谁，那么其结果只会造成地主统治阶级内部的纷争和混乱，而纷争混乱又是全体地主所极不欢迎的事。

我们已经指出，在全国那样多数的地主——士大夫之中，具体的利害不会完全一致，一定会形成许多派别斗争。而皇帝及其皇族却是有着神性的威权，和实际社会保持着一定的隔离的。所以就只有皇帝及其皇族是超然地站在统治层的各派斗争之上，可能代表全体地主的共同利益。在这样的情形下，就必须不仅维持皇帝个人的威权，而且维护整个皇族的威权，维持帝位的世袭制度，因为只有这样，才能保障统一政权的稳固性，使它不致常常趋于涣散。不仅要规定继位人必须是皇族嫡裔，而且要预先决定储君（太子），使代代相传能够不发生任何障碍。这正是说，确定的世袭制度对于君主专制乃是一个必要的条件。

历史上每逢皇帝由个人的好恶而废立太子的时候，常有所谓耿耿忠臣不惜头颅性命，竭力谏阻。这倒并不只是愚忠愚孝的表现，因为维持合法的世袭制，这不只是皇室内的事情，而且是对全体统治层有密切关系的事情。相反的例子，我们可以举出元朝蒙古人由游牧民族的酋长而来做中国皇帝，他们没有建立确定的世袭制，还是保存着过去由许多酋长共推一个大酋长的办法，所以每逢皇帝死去，便要由诸王大臣来决定新皇帝。元朝内部政治的混乱，这也是原因之一。

既然必须保障确定的世袭制，那么地主们也就只好容忍而且拥戴那最无能最昏庸的皇帝了。我们不能以为当时人是傻瓜，所以都宁愿在一个不通人事的婴儿或白痴前面诚惶诚恐地俯伏称臣。不，他们这样做，正是出于一种精密的打算，因为假如不要这个皇帝，那就必然得到一个混乱的时局。在糊涂的主子与混乱的时局之间，他们当然宁可选择前者。

除非由于某种原因而使整个社会秩序发生了巨大的变动，如因外寇的入侵或农民的起义或统治阶级内部的矛盾发展到了极点，皇位世袭制才被打断了，这就是所谓朝代的更易。旧的皇族已无力代表全体地主的利益了，地主们只好去匍匐到另一个从混乱局势中为自己获得了帝位的人面前，支持他建立新的朝代。而所谓“禅让”的美谈便只成为臣下篡位时的装饰品，如魏曹丕之夺取刘氏的位，晋司马炎之夺取曹氏的位，都曾借用过禅让的形式。

所以我们可以说，在君主专制政体下，虽然皇帝具有最高的权威，但其实皇帝个人的如何并不是什么很关重要的事。最重要的事是当时全国的地主统治者相互间的共同利害能否压倒他们之间的矛盾冲突。假如能够，皇帝的威权就能巩固；反之，当统治者内部在政治上经济上的矛盾非常激烈的时候，无论怎样有才干的皇帝也不可能取得作为统治阶级最高的共同权益的代表人的资格。最显著的例子是在南北朝与五代。那时候朝代的更易成为家常便饭，而那些皇帝，按照一般历史书的描写也大半是些最荒淫无耻、昏聩糊涂、暴虐残酷的脚色。但我们也必须说一句公平话，他们的行为其实也未必就比旁的国祚长久的朝代的皇帝更为不堪。他们若在那全国政治经济秩序安定的时代做皇帝，是仍不失其为最高权力的代表者的。

有些时候，当统治者中某一部分力量特别强大，起而想夺取整个政权的时候，他们常常不惜破坏常规的帝位的世袭制，故意设法从皇族中找出那最无能的人，最年轻的人，甚至在襁褓中的小儿来做皇帝。如东汉、唐朝、明朝在其覆灭以前一个时期都经常发生这种现象。假如把造成这些皇朝覆灭，和形成社会混乱的责任都加在这些无知的做傀儡的皇帝身上，那自然是不公平的事，因为事实上他们不过是在统治者内部斗争中被送上了牺牲台的可怜虫而已。

四、在皇族内部的纠纷

中国过去有所谓“家齐而后国治”的说法，但家最不能齐的却莫过于皇家了。在皇族内部，没有一个朝代没有发展到流血冲突的纠纷的。——为了要做皇帝，儿子杀掉父亲，弟弟杀掉哥哥，这是很平常的事。前举隋炀帝杀父就是一例。赫赫有名的唐太宗也曾因为他的父亲（高祖）不把帝位传给他，就杀死了他的弟弟和被封做太子的兄长，逼迫父亲立刻让位。但皇室内部的冲突还不只是这一形式。

皇帝既然有最崇高的地位，皇族自然也当有特殊的尊荣。怎样使皇族尊荣起来呢？汉朝的刘邦所实行的办法还部分地保存着诸侯国的制度，他割土分封，封刘家子弟为王，分居各国。这是自己做中央的大皇帝，使各子弟们在各地做小皇帝。但结果小皇帝们都凭借地方的力量起来反对中央的大皇帝，引起了所谓“七国之乱”。西晋也实行这制度，结果也引起所谓“八王之乱”。

原来，要实行分封之制是因为在那时，中央政权还没有强大到足以直接控制全国。这正是中央集权的君主专制的条件还没成熟的表现。封同族人做王，本是想由血统的联系来避免地方与中央的对立。但其实，地方与中央只要在政治经济上有对立起来的可能，只靠血统的纽带是无法抵消的。在这情形下，地方势力和中央势力的斗争便以皇族内部的斗争为形式而表现出来，并且正因为表现为皇族内部的斗争，所以更加激烈。

“七国之乱”是在汉中央政权的武力镇压之下平定下去了的。“八王之乱”闹了二十多年，兄弟互杀，叔侄互杀，八个王都死于骨肉的残杀中，真是几乎令人不易相信的事。西晋的怀帝被匈奴的刘聪掳去之后，居然还回答刘聪说：“我家之所以骨肉相残，大概是由于天意，给陛下自相驱除。”——这真是不知羞耻到极点了。

南北朝时宋齐两朝骨肉相残的情形也不下于西晋。宋皇族四世六十六男都在自相残杀中杀完了。齐的明帝萧鸾是齐的开国者高帝萧道成的侄儿，他不仅抢了高帝直系子孙的帝位，而且把他们全部杀光，连一个小儿也不留下。

有了这些教训，以后历代皇帝都不敢再分封子弟，使掌地方实权了。而且社会经济的发展使中央集权可能更加强固，已没有分封王国的必要。隋唐宋明各朝正如汉在七国之乱以后一样，对皇族中人虽有封爵，但只是坐食俸禄，不操地方的实权，这固然消灭了皇族内部兵刃相见的冲突，但坐享尊荣的皇家子孙代复一代的繁殖，对于人民却是一种极重大的负担。明太祖朱元璋时还复活了一次分封诸子的办法，结果也引起了两次皇族内的战争。有一次是燕王（太祖的儿子，即明成祖）从北方起兵抢去了惠帝（太祖的孙子）的帝位，惠帝逃走出宫不知去向，成祖怕他潜逃海外，还派人追到海外去到处搜索呢。

谈到皇族内部的纠纷，还不能忘记了皇后的地位。某一个皇后或太后在宫廷内得势，她的父母、兄弟、子侄也就联带着在朝廷上得势，反过来也可以说，这些所谓“外戚”在政治上得势了，于是宫中的这个皇后或太后也就权力增强，甚至凌驾皇帝之上了。首开其例的是刘邦的老婆吕后。刘邦规定“非刘姓者不得王”，但他死后，吕后就掌握了政权，大封吕姓的人做王。结果刘家的人虽然再起来赶跑了吕家的人，但是整个西汉和东汉的历史上，母后擅政和外戚专权的事仍不断发生。大体的情形是：一个皇帝死了，他的皇后就乘机获得权力，从皇族中选立一个年纪很小的孩子做皇帝，自己以太后的资格临朝听政，她的娘家人便成了显贵。外戚的专权实际上正表示，在统治层中某一部分的势力获得优越地位，这自然就要引起别的部分的势力的嫉恨。等到新皇帝也渐渐成人的时候，统治层中别的部分的势力便帮助皇帝压制太后，诛杀外戚。而这时，新皇帝的皇后及其外戚的势力又开始成长了。这样的所谓母后与外戚之祸不断地反复，把两汉的政治搅得乌烟瘴气。灭亡西汉的王莽便是这样的一个外戚。

汉以后的各朝，因皇后和外戚而引起的纷争，虽都不及汉朝的经常而严重，但也还是几乎无代无之，最著名的是唐代的武则天和韦后，乃至杨贵妃。明太祖定下条例，严禁太后干政，正是害怕因此而造成皇族间的纷争。清朝还有慈禧太后垂帘听政的事，慈禧和光绪帝的对立更显然的是两种政治势力的对立的反映。

由以上所述，无论是皇族中同姓骨肉的相争，还是母后外戚和皇帝的相争，其实际内容都不仅是皇族内部的纠纷。正因为在君主专制政治下，皇族是站在整个统治机构的金字塔的顶点的，所以一切在统治层内部的矛盾斗争常都集中化地表现在皇族里面，这就使得皇族内部的斗争成为不可避免的必然现象了。

在这种反映到皇室内部的复杂斗争中，又造成了一种很奇特的人的势力，那就是宦官。这种没有知识教养——甚至不大识字——在生理上有着缺陷的畸形人物，在中国历史上，竟常常能在一个时期，隐然成为全部政治的支配者，这实在是君主专制政治下的怪现象。

宦官的存在于宫廷中，并不始于秦汉，但他们本来不过是处于皇帝的侍役地位而已；宦官的获得大权也是由汉朝开始的。因为在当时的后党外戚与皇帝的斗争中，皇帝在宫廷中所能找到的最亲近的人便是宦官，于是他们便内得皇帝信任，外与官僚集团勾结，而成为对抗外戚势力的主力。在外戚势力最后完全消除的时候，宦官势力已经不可动摇，宦官有封为侯爵的，他的亲属也凭借势力做了大官，甚至他们还有立新皇帝的权，并且造成所谓“党锢之祸”，把当时官僚中的正人君子都消灭了。像这样的宦官势力在唐朝又出现了一次。唐朝最后一百年间几乎可说是一种宦官政权。宦官握有兵权，握有实际的政权，一切做宰相的不奉迎宦官便不能安于其位，宦官杀死过两个皇帝，迎立了七个皇帝。当官僚中有一部分力量起来和宦官斗争时，每一次总是宦官得胜。到了明朝，明太祖手订的祖宗家法，一条是太后不得临朝，另一条便是宦官不准干政。但是在上述明成祖夺帝位的一幕斗争中，宦官却尽了很大的力量。从此以后，几乎每一个皇帝都有宦官操权的事。到了明末魏忠贤时，宦官政权更发展到了最高点，满朝的文武几乎都做了这太监魏忠贤的干儿子，全国各地的封疆大吏都纷纷给魏忠贤立“生祠”。

宦官集团本不过是皇族内的寄生虫，它的所以能因缘时会，踏上政治舞台的最高峰，这显然不是它自身的力量，而只是君主专制政体的腐败的表现。当皇帝环顾左右，找不到最可信托的“心腹”时，结果只好找到这些既然不会生儿子，看来不会有什么太大的私人图谋的太监，把一切权力交托给他们。到了这时候，也就表示这一朝的皇帝已经走到了穷途末路了。但是我们要想懂得宦官政治，还不能仅从皇族这一方面看，更得观察君主专制政体下的官僚制度，那是在下一篇里就要谈到的。

三　一种特殊职业——做官

一、“做了老爷就是天上的星宿”

读过《儒林外史》的人都知道一个有趣味的故事。

范进到了五十岁时才考中了举人，一接到消息时就欢喜得发了疯。当时有人说，要有个他平日害怕的人来吓他一下，就可把他吓醒。于是请了他的丈人胡屠户来。胡屠户却道：“虽是我的女婿，如今却做了老爷，就是天上的星宿。天上的星宿是打不得的！”但禁不住旁人的敦促，他果然去做了。你看：

“胡屠户凶神般走到（范进）跟前，说道：‘该死的畜生，你中了什么？’一个嘴巴打将去。不想胡屠户虽然大着胆子打了一下，心里到底还是怕的，那手早颤起来，不敢打第二下。范进因这一个嘴巴……不疯了。……胡屠户站在一边，不觉那只手隐隐的疼将起来。自己看时，把个巴掌仰着，再也弯不过来。自己心里懊恼道：果然天上文曲星是打不得的，而今菩萨计较起来了。”

这个故事真是淋漓尽致地表现了当时人们对于官的看法。范进家里虽然本来是三餐饭都不周全的，但是一中了举就踏进做官的门，就是“老爷”，就能在社会上享有特殊尊荣的地位了。无怪乎像胡屠户这样的人以为中举做老爷的都是天上文曲星下凡了。

人们对于官抱着这种敬而畏之的看法，正因为在实际上官是享有超于常人以上的特权地位的缘故。

固然，在君主时代，做官的人也有很多本来是穷家子弟，像《儒林外史》中的范进那样的人。有人根据这一点就说，那时是人人都有做官的机会，“政权”开放给全体人民，所以这种政治和现代的民主政治只是形式上的不同。这种看法其实完全不对。因为要做官必须读书能文，而在当时的经济条件的限制下，受教育决不是任何人都能享受的权利，必须靠自己劳动来生活的穷人子弟，更几乎是不可能的事。而且当时对做官的人，在其出生的家族的身份上仍有种种有形或无形的限制。所以真正出生于较低级的社会层而能做官的人，究竟只是例外的少数。绝对大多数的官都是从地主士绅家庭中出来的。纵然是由较贫寒的人家出身，但一做了官，在政治上也决不能代表他所从出身的社会层了。因为他之所以能做官，不是由自己所出身的这一社会层的拥戴，而是由于在政治上的统治者的提拔。假如他不是在思想意识上已经和统治者一致，他是永远不能做官的。所以只要他一旦开始取得做官的条件时，他就已获得社会上特殊的身份，远远地而且永远地离开了原来所属的较卑微的社会层了。像《儒林外史》中的那位范进，一中了举，就有张乡绅来拜，送他银子和房产，而且“自此以后，果然有许多人来奉承他，有送田产的，有送店房的，还有那些破落户，两口子来托身奴仆图荫庇的。到两三个月，范进家奴仆丫鬟都有了，钱米是不消说了”。所以这时他虽然还没有官职，但已经有了田产，有了地位，可以结纳官府，交往士绅，取得在经济和政治上的特权，也被旁人看做特殊的人了。等到实际做了官时，那就更不待说了。

“只许州官放火，不许百姓点灯。”从旧社会中流传下来的这句谚语表明了当时官的特权地位。做地方官的人被称为“民之父母”，这也是表明官并不是人民中的一员，而是高出于人民以上的人。在一个县里，县官所说的话就是法律，他掌握着全县的行政，可以按照自己的意志来行使审判。他固然还要受上峰的节制，但在人民看来，他已经是一县中的小皇帝了。所有大大小小的官都只向他的上级负责，决不向人民负责。官还不仅在担任着官职的时候有着特权地位，而且到了卸任退休的时候，依然可以作为地方上的绅士而继续保持特殊的身份。

秦汉以后二千多年间，在君主专制政治下的官都是如此的。由这样的官来行使政治上的统治，我们可以特称之为官僚政治。

很显然的，这种官僚政治和民主政治是绝对不容混淆的。在民主政治下固然也有“官”，但和专制政治下的官，含义是不同的。在民主政治下，至少从法律上说，是不承认官有高出于常人的特殊权利和地位的，他不过是为公众服务的人，他不具有特殊的身份，当他不做官时，依旧要和平常人一样地从事某种职业的生活。——这就是说，民主政治下的一切“官”都应该是名实相符的“公务员”，而不是在专制政治下的官僚。但在中国历史上，在民国成立以前，自然是连民主政治的名义也从来没有过的，那时只能有官僚，而一般人民也绝对不敢也不能想到一个官应该是一个为人民服务的“公仆”。他们既不敢以为官应该只是人民中的一员，便只能设想官是从天上下凡的星宿了。

二、君主专制和官僚制度

在我们谈专制皇帝的时候，已经指出官僚制度对于君主专制政治是必要的条件。从战国到秦是君主专制政治渐渐地开始成立的时期，也就是官僚制度渐渐地开始成立的时期。

在君主专制政治成立以前，占政治上统治地位的人，最高的是王，以下有各国诸侯，再下便是卿大夫。所谓卿大夫和后来的官僚并不相同，其间差别最显著的有二点：第一，他们是世袭的贵族。卿大夫的子孙世世代代承继为卿大夫，从非贵族的人民中出身的人是不能成为卿大夫的。第二，卿大夫不仅是在诸侯之下的一个官，而且各有其领地（所谓“采邑”），在他们自己的领地上，他们实际上就是个小诸侯。这领地自然也是世袭的。——这种情形，我们可称之为世卿政治，或贵族政治，以别于官僚政治。

在春秋时期完全是世卿政治。到了战国时期，已开始有不属于世袭贵族的人，因特殊的才能而为国君重用，如苏秦、张仪一类游说之士是最显著的例子。秦用异国的人才最多，也可表示，在他那里，世卿政治已渐趋衰落，官僚政治于是开始取而代之了。秦之能统一六国，这也是一个重要原因。到了汉代，有所谓“布衣卿相”的美谈，就是出身“布衣”（非贵族）的人为皇帝所提拔，一跃而官居显位。

显然的，世卿政治是表示国君权力的分裂。要建立强固的中央集权的君主专政，就必须能做到在君主以下，没有任何负实际行政责任的官员是终身职和世袭职而为君主所不能加以干涉的，君主必须有权自由地任用、罢免和迁调任何官员。但这样的官僚制度在汉朝也还没有充分成熟。西汉初年不得不分封王侯，这些王侯既是世袭，又在其领土握有全部权力。在东汉晚年，地方长官（州刺史与郡太守）在所辖地内也拥有全权，而且渐渐形成世袭职。这都是中央集权下的官僚制度还没有完全成熟的表现。汉代，也没有确立一定的选拔官僚的制度，在事实上，高门大族几乎包办着做官的特权。在法律上，他们的官职虽非世袭，但在实际上，他们是世世代代做着大官。到了魏晋也还是继续着这种情形。

直到唐代，官僚制度才可说是成熟了。贵族门第包办做官权利的现象是渐渐消失了，一般地选拔官僚的制度是确立起来了。固然唐以后也不是没有世袭的贵族（如皇家的宗室），但那不过是空有爵位，坐食俸禄并不负有实际行政责任。假如把世袭贵族以外无官爵的人都叫做“布衣”，那么已可以说，官僚集团是几乎全部都是“布衣”出身的了。这所谓“布衣”，自然并不能表示最下层的劳动人民的意思。

官僚政治是从属于中央的专制政治的，这正是官僚政治的一个特征。君主政治也可以说就是“官主政治”，由此就更可看出官僚制度和民主政治确是风马牛不相及的。

但由历史的眼光看来，我们也可以承认，官僚政治是由世卿贵族政治前进了一步。在世卿政治下，做官的人只属于极少数的贵族家庭，而在官僚政治下，则可能从较大范围内选拔贤能来做官。但是因为官僚仍是占有特权地位的新式的贵族，而官僚制度正是专制君主政治下的统制机构，那么这种政治，用今天的眼光来看，当然是极端落后的东西。

既然君主专制需要官僚政治，需要有才能而忠诚的官僚来为自己服务，而官僚之所以为官僚，是不能不依靠中央集权的君主政治的，因此君主政治和官僚政治自然是相互为用的了。但在这里却存在着一种不能避免的矛盾，因为官僚们是为追求个人和他的家族的特权地位与利益享受而做官的，他们拥戴君主也不过是一种手段。那么君主为了维持他的政权，就必须充分满足官僚们的个人欲求，以换取他们的忠诚。于是其结果，所谓根据才能来选拔官僚常成为一句空话。官僚们虽然一方面是以其忠于君上，忠于现存秩序，成为维系君主专制政权的一个主要支柱，而另一方面，他们又终于成为从内部来腐蚀整个统治政权的贪欲无厌的蛀虫。君主专制是除了依靠这种腐蚀自己的蛀虫以外别无其他办法的。这种矛盾发展到极点时，官僚集团内部固然万分腐化，而这一代的专制君主政权也就趋于崩溃了。——唐宋明清历朝的君主专制下的官僚政治都是遭遇到这个命运的。

以下，我们要来较具体地考察一下。

三、官僚是怎样产生的

世袭的贵族生来就是贵族，但官僚却是从非官僚中产生的。那么官僚是怎样产生的呢？

汉时有两种制度：一种叫做“察举”，又一种叫做“征辟”。“察举”是由中央政府下诏规定所需要的人才的性质，要各地方政府在自己境内发现这种人才，推荐上去。至于各地方政府选拔人才给自己用，或者是中央政府直接从“布衣”或地方上卑微的官吏中征召有名望的人给他做大官，那便叫做“征辟”了。这两种制度固然都有打破世袭贵族独占做官权利的作用，但是为了中央集权的强化，这两种制度并不是最好的方法。因为地方政府有权自行征辟属官，这显然是妨碍中央集权的，而由中央政府直接征辟，又很难提拔出多量的人才，事实也只是偶一为之，作为政府尊贤重士的标榜而已。至于察举制，也还是授权地方政府来选录人才，更难以避免地方上的豪族权门把持操纵的流弊。所以东汉时察举虽是经常定制，但已渐参用考试的办法，就是对地方察举而来的人才，中央还要加以考试，才决定是否给官做。魏晋时行所谓“九品中正法”来选拔官僚，其实就是类似于察举制的方法，但不是由地方政府来行使察举，而由地方人士推荐，其结果更是显著地为巨姓大族所操纵，以致有所谓“上品无寒门，下品无世族”的现象。实际上又成为一种少数贵族独占做官权利的现象。

所以到了中央集权的专制政治加强并建立了更集中的官僚政治时，就不能不探求更适当的方法，使所需要的官僚能够不断地产生出来。——于是科举考试制度便被采用了。

科举考试制是最能满足君主专制政治的要求的。因为，第一，科举考试完全由中央政府来行使。中央政府通过了科举考试，从全国各地选拔出做官的人才，再分发到各地去做官，这就加强了全国政权的统一集中。第二，实行了科举考试制，选拔官僚便有了一个统一的标准，全国要想做官的人都必须努力去适应这种标准，这无形中就加强了思想的统一。并且，科举考试制看起来又好像是最公平不过的制度，任何人只要有资格读书，就有资格应考，也就有可能做官；这既可以掩蔽官僚政治的实际，又可以使天下儒生除了汲汲于按照科举考试制的需要而埋头读书之外，不再生任何对君主统制不利的妄念。——所以唐太宗初行考试时，眼看着天下试子鱼贯进入试场，不禁高兴地说：“天下英雄都进入我的圈套了！”后来唐朝的赵嘏也做诗道：“太宗皇帝真长策，赚得英雄尽白头。”所以从唐以后科举考试就日益严密，成为官僚进身的主要途径。

“赚得英雄尽白头”，并不是一句空话。我们试拿明清科举考试制充分确定了的情形来看。那时各府州县都设有“儒学”，进学是科举考试的第一步。政府派有管考试的大员到各地来举行这种入学考试，参加考试的是已经在各县考取了的童生。考取入了学的叫做秀才，考不取的到老还是童生，但所谓入学并不是现在的进学路的意义，不过表示从此踏进了做官的门路。所以入学并不是件很容易的事。《儒林外史》一开首写的周进，便是“苦读了几十年的书，秀才也不曾做得一个”，到六十多岁还是个老童生的人。而上文提到过的范进，也是从二十岁应考，考过二十多次，到五十四岁才入了学的人。但入学成为秀才后，就立刻取得一种资格，以后倘不能一路考上去，做到官，也可以退一步做教书先生。所以范进一入了学，他的丈人胡屠户就向他说：“你如今既中了相公，凡事要立起个体统来。……家门口这些做田的，扒粪的，不过是平常百姓，你若同他拱手作揖，平起平坐，这就是坏了学校规矩，连我脸上都无光彩了。”

既入学之后，还要经过考试，考到一、二、三等的才可以到省城去应“乡试”。乡试三年举行一次，考中了的便是“举人”。全国举人又要集中到京城去“会试”，也是三年一次。最后会试考中的人更由皇帝亲临举行一次考试，那叫做“廷试”或者“殿试”，评定高下。这些考中的人便叫做“进士”。大大小小的官僚就由这些举人、进士中产生了。——到老都是穷秀才，上京考试一辈子也考不上的，自然占绝大多数。

至于科举考试的内容是什么呢？唐代，有很多科目，其中诗赋是最主要的。诗做得好，便有做官的希望。宋代，人们认为诗没有用处，改重经义。所谓重经义，也不过是叫每个应举的人把被认为圣书的“五经”中，先定一种，死死读熟，并且读熟由政府规定的一种训诂。这自然也并不比诗赋有更多的实际用处。明代创行了所谓八股文。那是专取“四书”、“五经”上的句子拿来做题目，应考的人就按照法定的解释来发挥做文章，文章的格式是一定的。这种文章，除了作为做官的敲门砖以外，仍旧是一点用处也没有。但正因为可以使人做官，所以当时一切读书人都把毕生精力用在这种无用的东西上去了。《儒林外史》上的马二先生坐在书店里选批的《历科墨卷持运》，就是编集每一届考试优胜的举子的文章，供人作熟读揣摩之用的。这位马二先生曾向一个年轻的人忠告道：

贤弟，你听我说，你如今回去，奉事父母，总以文章举业为主。人生世上，除了这事，就没有第二件可以出头，只是有本事进了学，中了举人、进士，即刻就荣宗耀祖。这就是《孝经》上所说的显亲扬名，才是大孝，自身也不得受苦。古语道得好，“书中自有黄金屋，书中自有千钟粟，书中自有颜如玉。”而今甚么是书，就是我们的文章选本了。……贤弟，你少年英敏，可细听愚兄之言，图个日后宦途相见。

这一段谈话，正可以说明在科举考试制下支配着整个社会的思想意识。在当时人看来，读书一应举一做官，这是必然地互相联系着的三部曲。

假如科举考试的作用本来是要用一个统一的标准来选择有才能的人做官，但从这样的科举制度中却显然是产生不出有才能的人来的。因此科举考试制度越是严格，所产生的官僚也就越是糊涂无能。但是专制统治者的主要目的还是达到了的。他所要达到的目的，从消极意义上说，固然是“赚得英雄尽白头”，但更主要的，在积极意义上，是为自己培养一批忠诚可靠的奴才，以供役使。这些念了一辈子死书，好容易戴上乌纱帽的人，对于现行统治秩序自然是竭诚效忠无疑的了。

可是专制统治者一遇到国难危急时，却不能不坐食这种科举考试的恶果了。像明代晚年，内忧外患日迫，而那些从科举场中出身的官僚，“文不能安邦定国，武不能临阵出征”，只好束手无策。当时有一个举人就慨乎言之说：“设制科，限资格，皆所以弥乱，非所以戡乱也。……今日救生民，匡君父，无逾乎灭寇，然生平未尝学，父师未尝教，所殚心者，制举之业。一旦握兵符，驱强寇，其最良者惟守义捐躯，何益于疆场哉！”所以到了最后，官僚中大多数眼看着这个统治政权将要崩溃，覆巢之下无完卵，就索性另求生路去了。不论是被他们骂作是“流寇”的李自成来做皇帝，还是满洲人来做皇帝，只要给他们官做，他们都可以俯伏称臣，因为他们生活中的唯一的最高的内容和目的本来只是做官而已。

四、官僚的膨胀

既然官的地位如此崇高，又有较公开的入仕的途径，奔趋到这条路上来的人自然是多到极点。但官的数额究竟有限，科举考试录取名额也不能不有限度，许多想做官而做不了的人，岂不也要生怨望么?

使读过书的知识分子争着来做官，并尽可能使要做官的人有官做，这是专制统治者维系其现行统治秩序的方法。

因此不管是否需要这样多的官僚，但定期举行的科举考试仍是非经常举行不可的。唐代，由科举考试及第的人还须通过吏部的考试才给官做，但宋以后，是一及第就立刻可以做官的。在宋朝还有一个故事，说是张元应举，已考中进士，在殿试时却被黜落，怨愤之下，就投降了西夏国主赵元昊，来给中国捣乱。从此以后，就明定了进士在殿试中一概不再黜落。——这故事可以表明，多多使人做官正是稳定统治政权的一法。清朝以异族统治中国，更尽量在科举考试上与人方便：除了三年一次的考试外，在每遇到国家庆典时，还另开特科；又特颁恩典，对于蹭蹬考场、年老尚未及第的人破格录用为官；并且倘若童生考不进学，也可花钱买一个监生的名义，一样能参与乡试，走向做官的途径。这自然都是为了要收得笼络人心的效果。

而且由唐宋以后，科举考试虽被认为做官的正途，但除此以外，也还有各种各样路子可走。

汉朝的察举、征辟之制，在后代也仍以别的形式与科举考试制并行。特别在异族统治的朝代，因为一时还有些知识分子不甘愿来应付科举考试，便更特别推行其他方法。如元朝初年，曾大举征访所谓“山林隐逸”，清朝初年，也下诏荐举“山林隐逸”，征召“博学鸿儒”，来表示他们是有诚意和中国读书人合作，愿意给他们官做的。明朝也曾特别重视荐举，广开做官的门路，使人们不必经过艰难的科举考试也有官做。

既然科举考试制的目的不外乎求得忠顺的人来做官，那么予官僚的子孙以做官的更多方便，也是使官僚更加忠顺的方法。所以官僚虽非法定的世袭，但作为皇上的恩典，官僚子孙常可以不经过考试就取得官爵。这是各代都有的情形，而在宋代最为盛行。在那时，不仅一人做官，他的子孙可以连带得官，甚至只要官做得大，连他手下的门客也都被封官。

至于因接近皇帝或掌权大臣，以特殊技能或特别殷勤而被赐官爵，也是常有的事。

甚至官职可以公开用钱买。这也是古已有之的办法。汉武帝时，已有输纳一定数额的粟帛给政府就可以做官的规定。东汉时政府出卖官爵，还公开定得有价目表。像灵帝时，“二千石”的官（当时官级高下以所得俸的多少来表示，俸以米计）卖钱二千万文，“四百石”的官卖四百万文，但也可以讨价还价，打折扣。曹嵩买太尉，出了一万万文。崔烈买得司徒，照定价要一千万文，却只出了半价，授职后，灵帝很懊悔，向左右说，应该敲他一下，让他出一千万文才对。那时买官职还可以暂欠，到上任后再加倍还。唐代也有定价卖官的制度，纳钱三十万文，便可得官职。清代除了在科举方面可以花钱买监生外，也可以直接花钱买官做，号为捐纳。——这种办法一方面既可以满足那些有财产而不读书的人的做官的欲望，加以笼络，一方面也可以弥补国用的不足，在专制政府看来，正是一举两得的好法子。

既有科举考试制不断引进官僚，又有这种种进入仕途的方便之门，那么，结果官员数量自然会不断增加，以致超过实际需要量。

我们都知道在经济上有所谓通货膨胀的现象，那么对于在官僚政治下官员无限度地增加的现象，也可以加上一个名称，叫做“官僚膨胀”。由以上所述，可知这种膨胀正是在官僚政治下必然产生的现象。汉唐宋明各代，无一代不显著地发生这种现象。

譬如唐代，在高宗时全国文武官一共是一三四六五人，而这时每年经考选有资格做官的人就有一四〇〇人。官数不断增加，到了玄宗时，相距不过五六十年，官数已增至一七六八六人之多。所以这时已有人说：“现在的情形是官数比古代多一倍（东汉的官只有七五六七人），有资格做官的人比官又多十倍。”宋朝开国以后不久，在真宗景德年间，有官一万多人。过了四五十年后，在仁宗皇祐年间，官数已增了一倍。又过十年，在英宗治平年间，官数更增加到二万四千人。以后仍不断增加，最多时一共有三万四千人。到了明代，膨胀得更厉害了，武宗正德年间，全国的文官有二万多人，武官有八万多人。以上这些数字还只是指正式的官，官下还有所谓吏，吏虽不如官的地位，他们的出身也和官不同，但他们是官的爪牙，官的附庸。倘把吏也计入在内，数目就更大了。如在唐玄宗时，有官一万八千人，而较高级的吏就有近六万人。明代文武官加吏在内一共有近十八万人之多。

由于官僚的极端膨胀，就会引起许多对于专制统治也是不利的恶果，其中最显著的是：

第一，官僚在量上的增加，同时就一定是质上的降低，使这些走上仕途的人都对现存统治秩序深感满意的目的虽然达到，但是选择有能力的人来为统治政权效劳的目的却完全被抛开了。

第二，为了容纳这不断新添的官员，势必扩大政治机构，并增设不必要的机构，平添许多冗员。关于历代政治机构的情形，详细说来，是很麻烦的，且也不必要，因为历代政权性质既无改变，其政治机构在基本上也是相继承袭的。不过每一代在因袭前代制度后，必又增添上新的官职机构，或把本来是较不重要的官职加以扩大，使成为庞大机构，以致政府中添了许多根本无用的官员与机构；并且在各种官职和机构之间，职务不能划清，事权互相重复，更使我们今日研究起来，难以一一弄清。这种情形之所以产生，固然因为这种政府机构互相牵制重叠的情形恰恰有利于专制集权的统制的运用，同时也显然是因为要容纳那日益增多的官僚之故。整个政治统治机构，一天天更加庞大，不可免地陷于臃肿不灵、没有活动能力的情况，尤其在遇到任何突发事变时，自然更完全暴露出其无能来了。

第三，官吏的膨胀就使国家开支浩大，人民负担加重。在专制时代，王室的费用和官吏的供养是国家支出中极大甚至是最大的一项。如宋代官僚的待遇最厚，不仅有钱有米，而且有田，所以当时人说，政府对百官加恩，唯恐不足，而向万民敛财不留其余。且官僚不仅有合法的收入，更可靠官的地位来增加不合法的收入。明代官俸最低，然而官僚的贪污腐化也最盛，他们一面向人民巧取豪夺，一面截取国库中的收入，虽小小的官也可立致豪富，这自然是把做官看做最有利的职业的情形下必然发生的现象。所以官僚的不断膨胀对于人民的意义不过是背负的担子的日益沉重。

五、“国家之败，由于官邪”

由以上所述，我们对于官僚政治下的实际情况，也就不问可知了。

官僚职位的升迁，一般说来都是凭资格而不凭能力的。从唐宋以后就已确定了所谓“磨勘制度”，人们一入仕途，就有了绝对的保障，只要循规蹈矩地做下去，过一定期限就可以升一级官。这种升迁的制度和科举选官制度一样，是看起来最公平的办法，但事实上只能养成无能的官僚。

假如不满足于这种按部就班的升迁，怎样呢？那就多半要靠私人请托，行使贿赂以至种种暗地进行的方法了。

在这情形下，自然就造成了只有权奸小人能够当政的现象。专制政治下的权奸小人，无非就是那种善于伺候皇帝，取得皇帝信任，而在实际上只顾个人私利的人。在上面当政的是这样的人，在下面从政的全部官僚都得到了极大方便，更可以称心如意地向人民诈索，更可以毫无顾忌地通过不合法的方法来取得高官。人们都骂唐代的李林甫、宋代的蔡京、明代的严嵩、清代的和珅，这些都是所谓奸臣，但是我们应该知道，权奸专政之所以代不绝书，正是因为这是在君主专制的官僚政治下的必然产物。由此也就可以懂得汉、唐、明各代宦官政权的由来了。假如以为这少数无知无识的宦官真能够蒙上蔽下，因而取得实际政权，那就错了，因为宦官之得势完全由于在上有皇帝的信托，在下有官僚集团的拥护。那时候，所有的自命为“读圣贤书”的官僚士大夫纷纷拜倒在宦官前面，无非是利用这种宦官的无知无识，利用在宦官统治下的政治，使每个人都可以方便地取得自己所要得到的利益。

于是贪污就成为历代官僚的一个必然属性。升官发财向来被视为互相联系的，而在法定的官俸以外，用任何手段来增加财富，自然都统属于贪污的范围。

历代的皇家，不仅通过官僚机构来向人民征收赋税，而且要由各地官僚进奉额外的钱财。地方官僚之所以要尽力进奉，自然是因为这样做了，官位才可靠，才更可以为所欲为，可以更快地升官。中枢官员因为有权管理地方上的用人行政，考核地方政绩，所以地方官员也就非报效不可。《水浒传》上写晁盖等七人智取生辰纲，所取的就是地方官僚送到京城去孝敬中央大员的财礼。历史上有一些当权大臣后来失势被皇帝抄了家，从至今保存下来的抄家时的登记清单中，使我们可以具体知道这些人的财富实在是大得惊人，譬如明代的严嵩的家产，光是黄金就有三万多两，银子二百多万两。但据说这还只是他的实际财产的十分之三四。明代当权的太监，财富更是巨大，如朱宁、江彬都有黄金十万多两，银子五百万两左右，而刘瑾甚至有黄金二百五十万两，白银五千万两。清朝和珅有金四万两，银三百多万两。由他们的巨大财富，也就可以想见当时整个官僚集团中的贪污情形了。

明清两代，由于商业资本的发达，使官僚的贪欲更甚，由此官僚贪污的情形也到了空前的情况。中央大员既然一心一意，凭借地位，聚敛财产，地方官员当然更是要拼命赚钱了。“三年清知府，十万雪花银。”正是绝好的写照。《儒林外史》写一个知府新上任，向前任打听的一件事便是：“地方人情可还有甚么出产？词讼里可也略有些甚么通融？”这话正是问怎样可以贪赃枉法。《明史》中有《循吏传》，载循吏一共有一百二十五人。但其中属于明代前半期的有一百二十人，后半期的只有五人。所以历来人们都认为明代前半期官吏的风气较好，而到了嘉靖朝以后就贪污公行了。但实际上并不然，不过是在明朝前半期，一般官僚从事非法的贪污，还遮遮掩掩，不敢公开，后半期却明目张胆，在官场上公开送钱，不以为讳，所以几乎连一个清白的官也找不到了。

有人以为，明清两代官僚之所以贪污最盛，是因为这两代官俸最薄之故。这固然是一个原因，但并不足以说明贪污现象之由来，因为唐宋的官僚的待遇非常优厚，但贪污情形却也同样存在。原来有粪坑就必然有蛆虫，有官僚制度就必然有贪污。

固然在官僚制度下，并非绝对没有个别的清白的人，但是当做全体看，官僚制度是只能产生贪污的。而且在当时，对于清官的定义和我们今日所了解的真正廉洁并不相同。原来历代对官僚的待遇虽然有厚有薄，但是中央政府对于地方上的行政费用是并不负担的。各地方的官僚除了收足中央额定的赋税缴上去以外，更得设法筹措自己的行政费用。这就是说，各地本是有权向民众求取非法的额外收入的，同时中央官员则乘机向地方官员分肥一部分。所以历代专制政府虽然以整肃官常为口号，但实际上，官吏的一定限度的贪污却是被默认的。清朝康熙皇帝就曾坦白地说过："所谓廉吏，并不就是一文不取的意思。若是一丝一毫没有什么收入，那么居常日用和家人胥役何以为生呢？如州县官止以一分火耗，此外不取便算是好官了。"所谓火耗是明清两代赋税制中的术语。州县官向民间征收钱粮，除了国定的税额外，另加的额收归于私囊的部分，便是火耗。康熙皇帝以为在一两正税上揩油一分的（百分之一）便算好官，但实际上当时的火耗都在一钱二钱（十分之一二）以上。既然无法绝对禁止贪污，那么要加以某种程度的限制是不可能的。

贪污的结果是很显著的。人民在官僚剥削下的负担无限度地增加，国家的收入在官僚的侵占下日益感到不足，而官僚机构本身由于贪污的流行，群趋于如何赚钱的打算，政事便更加败坏了。

所以历来有句话道："国家之败，由于官邪。"这是说，专制政权的败坏是由于官僚的贪污腐败。但其实我们已看出，官僚的贪污腐败又正是在专制政治下必然造成的结果。

四　又一种特殊职业——当兵

一、从车战到骑战步战

我们在读《三国志演义》的时候，对于其中所写的战争的故事，都曾发生过很深的兴趣的吧。读着读着，在我们眼前仿佛看见了一彪人马，为首一员大将，穿戴着红红绿绿的盔甲战袍，骑着高头骏马。远处尘头大起，又一队人马飞驰而来了。于是两阵对圆，双方通名报姓，鼓角齐鸣，兵对兵，将对将地厮杀起来。——这种情况和现代的使用大炮、飞机、坦克、机关枪的战争是何等的不同啊。

但是在如《三国志演义》中所写的战争情况以前，还有更古的一种战争情况。那便是在春秋战国时期的车战。那时的战士都乘在用马驾着的车子上，每一辆车子上大概可以容纳十个人到二十个人。军力的大小就以兵车数量的多寡来计算。我们很容易想象，这种车战是很不方便的，在一片平原的中原地带，用这种车子来打仗固然还可能，但一到山岳地带便不免发生困难了。而且使用车战就不免限制了兵力的扩展，因为在古代的生产能力下，要大量制造兵车恐怕比现代国家大量制造坦克更要困难得多的。

但在战国时期，已渐渐学会了骑战和步战。车战慢慢地不占重要地位，而且终于在历史上绝迹了。

从车战发展到骑战步战，这还不只是表示作战方式的改变，而且在这里面还反映着战士成分的改变。

原来在春秋时期，当战士是一种特殊的权利，只有属于贵族身份的才能享受这种权利，一般人民只在作战时临时叫去当夫役，没有资格做正式的战士。那时当兵并不是专门的职业，所有的贵族都学过射御，作战时便都能出征。而且当时虽然是列国并立，但军队并不属于国家所有，而是属于贵族世家所有的。合并各贵族世家的战士才成为一国的军队。要置办那样华丽的战车，高贵的甲胄兵器，也只有贵族才有这能力。当时在作战中很讲究礼节，虽然杀人的时候也还是一样无情。那也是贵族军队的特色。这种由贵族组成的军队，自然不会很庞大。

在春秋时期的战争中，一方的军力常不过数万人（兵车数千乘），但到了战国时期，出动兵力要以十万计了。战争中的屠杀也是规模宏大而程度残酷了。如秦将白起，在和赵国战争中，据说曾一次坑死了赵兵四十多万。很显然的，在这时候军队的成分已有不同，从征已不是贵族的特权而是加在人民身上的义务了。所以军队的数量才能够庞大起来。车战也就不得不让位于以步战为主的军队了。这种变化也是合于专制统一国家产生的需要的。

假如我们从《三国志演义》一类的小说中看古代战争，我们不免要上一个当，因为从这些小说中所描写的战争情况看来，好像只有大将与大将交锋，兵卒反而不占重要的地位。这其实只是写小说的人的不顾事实的描写，因为在任何时期的战争中，军队的基本力量总是兵士。作战的武器、方法、战略、战术越进步，就越需要更大量的军队。像近代战争中，作战军队出动到数百万人之多，固然是中国古代战争中从未有过的事；但在中国古代战争中，军队数量的多少，兵士品质的高下，士气的盛衰，同样是在战争中具有决定作用的。在临阵交锋时，将斗固然也是一种方式，但并不是主要的一种；决不像旧小说中所写的那样，轻易地把两个大将在阵前“大战三百回合”，好像每一次战斗都只是取决于两个大将的械斗的胜败似的。其实“一将功成万骨枯”，战争的胜败毕竟还取决于这些“枯骨”的。

历代专制王朝是殚心竭力想法来组成、维持和控制一个合于他所需要的军队。为了要维持自己的政权，无论对外对内，都不能缺少军队的力量。前面已经说过，统一的官僚系统不能组成或者腐败涣散，那就使得这一代专制王朝无法维持其统治；而倘若统一的军队不能组成或者腐败涣散，那就更是专制王朝败灭的命运的征兆。

在这里，我们要谈到三方面的问题，那是在历代封建专制政治下的军队中的三个最根本的、难以解决的问题。第一，兵源的问题，就是怎样源源不绝地获得大量的兵卒；第二，军权的问题，就是专制国家怎样来控制军队；第三，军费的问题，就是如何养活这庞大的军队。军队的强弱、兵卒的品质、士气的盛衰，也就由这几个问题来决定。

二、当兵变成了专门职业

当兵专业化的现象，是在我们考察秦汉以后历代军队的时候，首先值得注意的事情。当兵成为专门的职业，甚至因而获得在社会上的特殊身份和法律上的特殊地位，老死不能改业，往往连带到子孙也只能担负这种职业。——自秦汉以后，各代兵制虽然变更甚多，但是这样的职业兵是基本的形态。假如读书做官是一种专门的职业，而且是一种最高贵的职业，那么当兵同样也是一种专门的职业，然而是一种最低贱的职业。“士农工商兵”，这样的说法虽是后来兴起的，但很可表明从前在中国社会上“士”与“兵”这两种人的身份地位。这就是说，读书（做官）与当兵，一高一下，都是和从事生产劳动的多数人民隔离开来的特殊的人所担任的事。

向来的历史家认为，在有些朝代，如汉代、唐代曾实行过兵民不分的征兵制度，但其实名义上虽是兵民不分，在实质上常仍是职业兵，而且很快地就公开转变为职业兵的制度，并不能发展到如近代意义的真正的征兵制。

为了要打破职业兵的制度，征兵制本是最好的方法。征兵制是使通国的人都有当兵的义务，按照一定期限施以军事训练，有战争时即加以征用，训练期满或战事完毕仍各遣回自己的本业。那么自然不会有当兵专业化和兵民对立的现象；附带的，在军队的动员复员上许多困难问题也可减少。但是要实行征兵制，必须具备许多政治社会上的前提条件。在从前的封建专制主义时代，专制国家和人民既处于对立的情况下，社会的身份等级制度又相当严格，要认真实行普遍的义务兵役——征兵制，实在是不可能的事情。最通常实行的制度只是募兵制，而从募兵制下就只能产生职业兵。

我们不妨先从被称为征兵制的汉初和唐初的兵制说起。

关于西汉初年的兵役制度的历史记载留传下来的极其简略。我们只知道，当时的情形是：从法律上说，人民中每个人似乎都有在一定期限内当兵的义务，一切军队中的兵员都不是固定的，戍守边疆也由内地的人民轮流前去担任。这在形式上看来似乎确是征兵，但实际上却并不然，因为同时有着出钱就可免役的定制，汉初人称之为“更赋”。所谓“更”即指兵役，因为兵士是要经常更易的。其实“更”的名目有三种。一曰“卒更”，那就是按照法定期限，亲去当兵；二曰“践更”，就是富者用一定的价钱（每月二千钱），雇穷人代为从役；三曰“过更”，那是专行于戍边的，名义上虽说人人都有戍边去的义务（一说每人戍三天，又一说三月，恐以前一说为确），但实则既远去戍边，总难以立即回来，所以不去的人都交三百钱给政府，政府拿来给予戍边的人，使他们长期干下去。由此可见，当时军队中的兵士其实只是一部分的穷人，他们既被强制地服着自己名分上的兵役，又在受雇用的情形下代替其他许多人的兵役。他们中大多数人恐怕都是一经服兵役，即终身在行伍中了。由此可见，在实行这种制度时，已经有渐渐走向职业兵的趋势。这制度在名义上也只实行了六十年，到了汉武帝时，便只能公开实行募兵制了。

隋唐的“府兵制”也被人指为征兵。但其实相差更远，而且府兵制在唐代也只实行于最初的数十年间。

这种府兵制在南北朝时北朝的最后两个并立的朝代——北齐与北周，已开其端。北齐的军制据说是规定所有的农民都要服兵役，其实行的具体情形，我们已不很清楚。北周的情形知道得较多，是从农民里面一部分人家，户有三丁抽一丁，免掉他们的租税，使他们在农事之余习练军事，把他们编成军队，称为府兵。很显然的，这种府兵制不过是表示有一部分农民拿服兵役来代替他们对国家应缴纳的赋税。国家以大地主的身份向全体农民征收地租，向大多数农民所收的地租是实物的田赋，而对于特别选出来的一部分的农民则课以服兵役的义务。这并不是普遍的义务兵役，说不上是征兵制；只是在农民中有一部分人一身而兼农民与兵士二任。隋代继承北朝的这种制度，唐初更普遍化地实行起来。其办法，在基本上仍和以前一样。但唐初实行这制度，没有几十年，其缺点已充分暴露了。府兵中逃亡现象很多，名列府兵内的殷实农户更多不愿出征，有事时则买贫户来代替。尤其到了发生大规模战争时，府兵更不够运用，不能不在原有府兵以外，另行征募兵士，这就破坏了府兵制。而且府兵制的特色是兵士同时即农民，但若较长期地屯驻边疆或经常作战，兵士不能回到农田上，也就破坏了这制度。所以到了唐玄宗时，府兵制已全败坏，不能不改行募兵了。

此外，在别的时期，在异族的统治的政权下，或在内乱时的军阀统治下，常有强迫征发农民去当兵的事情。如在汉初“七国之乱”时，吴王下令说，我年六十二，我子年十四，都要出征，所以全国人民中凡在十四岁到六十二岁的也都应一起出发。又如在南北朝时，北方胡人统治的国家中，常常为了发动一次战争，强迫地从治下农民中三丁抽一，或四丁抽二，甚至五丁抽三，来征集兵士。又如在唐末五代时的地方割据的军阀更是暴虐无道，只顾扩军，不管人民死活，甚至有把一个区域中的全体壮丁都拖去当兵的事。我们倘以为这是动员生产劳动的人民去当兵，所以也可叫做征兵制，那自然是完全不对的。因为这根本说不上是什么制度，而只是无限度的强迫拉丁而已。既拉去以后，假如战争一直继续下去，那些兵士也就永不能回到田地上去，而成为专门的职业兵了。

三、募兵·拉丁·世袭兵

这种强迫征发的办法不仅说不上是征兵制，而且比募兵制更坏。各朝代最初实行募兵制时，其实都还含着改良的用意。要使人民肯来自动应募，也就不能不把兵士的待遇提高一些。譬如在汉武帝时，初行募兵制，其军队除了有一部分是由归顺的异族组成，其余的据说都是“良家子”。所谓“良家子”的意思是出身于正式户籍，本有正业，并非奴隶、罪犯、游民一类人。其所以能使“良家子”自动应募，不外因为相当提高了士兵的待遇，并给以较优的出路的缘故。又如在东晋时，谢玄创行募兵制，建立了当时最强的一支军队，在淝水一战中用少数兵力打退了北方苻坚的八十万大军的侵略。这固然因为是反对异族侵略的生死存亡的一战，士气易于振奋，但士兵的品质也很有关系。因为在这以前的军队，多半是由于强征奴仆而组成的，兵士的待遇和身份完全和奴隶一样。谢玄用较好的待遇，用自愿的方式，从人民中募集兵士，所以才创建了能用以抵御外侮的军队。

但募兵制只是以利禄来诱人当兵，使当兵成为专门的职业，其流弊当然很大。

当兵的利禄究竟有限，而且战争频繁，军队扩大时，兵士的待遇总是日形减低，结果自愿来应募的人仍只是些社会上的无业游民、流氓、地痞之类。水旱灾常使农村中出现大批流民，城市不能容纳他们；他们没有别的出路，其中的壮丁也就只好涌到当兵这个职业中去了。所以“好铁不打钉，好男不当兵”成为民间普遍流行的谚语，其来源显然是有很悠久的历史的。

释放罪犯，使充兵役的办法在秦代和汉初早已行过。汉武帝时，最初虽限于从“良家子”中募兵，但以后为了战争的需要，也不得不采取这办法，常一次征发囚徒或无业游民数万人去打仗，甚至这几乎成了扩大军队的惟一办法。这种人本已流离失所，或被罪待死，自较乐于应募。但所谓发囚徒，发游民，很显然地已不纯是自动应募，其中颇带着强迫的性质。唐代于废弃府兵制、改行募兵时，也曾走上强拉硬派的道路。有很多描写唐玄宗时的情形的有名的诗篇都透露着这消息。譬如：

客行新安道，喧呼闻点兵。借问新安吏，县小更无丁。府帖昨夜下，次选中男行。中男绝短小，何以守王城！肥男有母送，瘦男独伶俜。白水暮东流，青山犹哭声。……（杜甫《新安吏》）

……翁云贯属新丰县，生逢圣代无征战。惯听梨园歌管声，不识旗枪与刀箭。无何天宝大征兵，户有三丁点一丁。点得驱将何处去？五月万里云南行。……（白居易《新丰折臂翁》）

这两首诗，前一首所写的还是府兵制没有完全废弃时的情形。“府帖”的选兵当是调遣原属府内的农民，但这时的府兵制实已开始败坏，所以府兵中多有“短小”不堪胜任的人在内。但也许这所说的“次选中男”，已经是从府兵以外的强征，也未可知。至于后一诗所记的那个人，毫未受过军事训练，更是强迫征调。诗中虽用征兵字眼，但完全不是现代意义的征兵，而只是募兵制发展到了强派硬拉的情形。此外如杜甫的《石壕吏》诗篇，更明白说出“有吏夜捉人”，连老妇人也要捉去，这自然是拉去充夫役，更可见当时征兵役时的强制情形。募兵而发展为事实上只能以游民、流氓、窃盗为对象，又不能不以强制征发的方式来补充，当然就是最坏的情况了。——而这正是在历代封建专制政治下的一般情形。

既然募兵中成分本来多半是无业游民，那么在每次战争以后要使之复员就是不可能的事。既已把这些人雇来当兵，就不得不继续雇用他们。这些兵士，实际上都只能把当兵当做终身职业，除非他们因不愿当兵而逃亡。一般说来，这种职业军队除了在作战中瓦解流散或被消灭以外，是无法缩减的。唐宋元明清各代的军队都是这样情形。唐末五代时，内战更是连年不断，军队大都由强拉而来，士兵逃亡甚多，这时还采取了在士兵脸上刻字的办法，使他们永不能改业为民。宋代也还继行这办法。

在当兵成为终身职业时，行伍中遇有空缺，往往就把兵士的子弟补充，这本是很自然的事。但由此，兵士专业化的情形显然是更加巩固了。甚至有时这种世袭的办法竟成为一种制度。如在唐代初年有所谓“父子军”的，那是皇帝的近卫部队，共三万人，其中兵卒老死了，即以子弟填充，成为定例。明代初年的正规部队名为“卫所”，其兵士都由开国时的军队中继承下来，世代传袭，规定不向卫所以外去征募。不过这种卫所制度至明代中叶已败坏，改行一般的募兵了。在那最重身份等级制度的魏晋时代，兵士的世袭制更是严格。当时的兵卒在法律上被特称为“士”，以别于一般人民。他们不列入户籍中，而有着特殊的“士籍”，并且“士家”只能和“士家”通婚姻。既入士籍之后，子子孙孙也都只能居于士籍中，也就是说，他们只好一直继续着当兵，除非政府特许“除士名”，是断不能改业的。

所以专制统治者虽然要靠军队的力量来维持统治，但对于兵士，却只能用强制的手段来使之永远成为自己所运用的工具。这使兵士的地位更降低到了极点。魏晋时代的“士籍”的固定化，是维持兵额的方法，但也是把兵士的地位极端地降落了。唐末五代和宋时在兵士脸上刺字，也不啻视兵士如囚犯，因为这本来就是对待窃盗的方法。唐宋以后，虽然没有魏晋时那样严格的士籍制度，但是当兵的人及其子孙没有资格应科举考试，其社会地位正与当时最被贱视的倡家和优伶同样的卑微。

在异族统治中国时，其基本的武力也是世袭军队。譬如清朝的八旗军队便是我们最熟悉的例子。蒙古人统治中国的元代也有以自己的部族兵组成的世袭军队，并且他们在招募来的异族军队中也建立了世袭制度。此外，在五胡乱华及辽金宋时期也都有同样的情形。这种世袭兵本是游牧民族中的部族兵的继承；游牧部族没有专业的兵，每遇战争，人人都要拿起武器来。等到他们统治了中国后，原来的社会组织不得不瓦解，于是他们便把原来部族的武力继续团结在世袭军队之中，使其永不致于涣散，成为维持种族的专制统治的最基本的武力。这种世袭兵，和魏晋时的兵刚好相反，是处于统治者的地位而坐食人民的供养，但其为固定的职业兵却又是同样的。

四、军权的集中和分散

以上讲的是兵源问题，现在我们来谈在封建专制主义国家中怎样统一军权的问题。

固然政权统一是军权统一的基础，但同时维持统一的军权也正是使统一的政权不致坠败的一个必要条件。假如军权分裂，地方势力拥兵割据，那么专制统一政权也就虚有其表，终于不得不崩溃。事实上，历代专制统治者在政治上的弱点使他虽尽力来建立统一军权，总是会遭遇各种困难而趋于失败的。

汉朝到武帝时建立了空前集中的统一政权。他实行募兵制，也是集中军权到国家手里来的一个步骤，因为在这以前那种兵民较为合一的军队，事实上只是分散在地方上的“郡国兵”。中央由募兵制而建立了强大的集中的军队，郡国只便逐渐衰颓了。到了后汉光武帝，更明令废止郡国兵，似乎统一的军权可以长此不坠了，但实际上不然。因为地方官吏也同样可以募集兵士，造成私人军队。到了东汉晚年，中央政权腐败涣散，各州刺史、郡太守更纷纷扩充私人军队，形成割据，属于国家的军队反而渐渐没有了。汉代也就在这情形下灭亡。

汉以后三百多年间，事实上没有真正的中央统一的政权，因此军队也常属于私家而不属于国家。魏晋时期在分裂混乱的局面下，一切强宗豪族都编练自己的武力，兵士成为私人的奴仆。那时期兵士地位之所以特别降低，这也是原因之一。从东晋到南朝的宋齐梁陈，虽是在一较小地区内建立朝代，但军权仍未统一在国家手里。长江上游的荆州和下游的扬州有着两个最强的武力集团。地方军阀中，谁的力量最大，谁就起来覆灭现存的朝代而另创新朝，这几乎成了定例。所以朝代更迭特别迅速。由此可见当时的军权实际上都操在地方军阀的手里。

这许多经验教训，使得以后各统一的政权更要力求采取较严密的方法来统一军权。他们的基本方法就是使将和兵分离。因为在那时的政治情况下，一支军队倘从招募、训练，以至领导作战，一直在一个将领手里，那么这军队就会成为私人的势力，而有可能脱离国家的控制。隋唐的府兵制就是使兵将分离的制度。平时府兵分居全国各地受训练，一旦有战事时，由政府临时派出大将，调动若干府的兵力由他指挥，战事结束后，兵散回各府，将仍回朝廷。明代的卫所制是同样的情形。所以一般称赞府兵制和卫所制的都说他们有两个优点，除了后面将提到的不必耗财养兵那一点以外，还有一点，就是将不能擅兵权。清代的绿营兵虽然不合于前一点，还是发饷养兵的，但也满足了后一要求。因为清朝本是把八旗军队当作基本武力的，对绿营这完全由汉人组成的部队深加防范，所以在平时绿营的组织系统很散漫，战时则抽调各地绿营兵，集合成军，派将统领，目的无非使其不能结合成为一个特殊的力量。

这种制度虽似严密，但是并不能发生久远的效果。事实上，只有中央统一的专制政权在政治上很巩固的时候，才能实行这种控制军队的办法。假如政治上已经涣散，这种办法也就根本无法维持。而且在遇到战事频繁、边疆多事的时候，固定的将和固定的部队连接在一起的情形更无法避免。唐代便是个最显著的例子。府兵制在天宝年间已完全废弃。为了控制边疆上的地区，不得不在边疆设驻经常的重兵，从而形成了“方镇”的军阀势力。中央渐失去控制方镇的“边兵”的力量，便只好力求扩充中央直属的“禁军”。而且因为害怕带兵的人叛离中央，多委派投顺的番将做方镇长官（节度使），而把禁军之权交给宦官。统治者以为番将和宦官被重用，当可因感恩图报而忠顺不贰，但结果禁军在宦官手里日益腐败，而番将雄踞各方镇，造成自己的势力以后，也不肯安分了。安禄山、史思明（两个当节度使的番将）的叛乱差一点灭亡了唐朝。安史之乱虽经平定，但是唐朝后期藩镇势力终不能铲除，当时全国所有的军队大部分都在这些藩镇军阀手里，他们各自招募军队，选拔军队中最强悍的人做官佐，认他们做自己的干儿子。他们就是用这种方式来维持私人的军队，而凭借这军队力量来形成割据。这种情形继续了一百多年，终于使唐朝灭亡，继之的五代十国的形势，其实仍是唐末藩镇割据形势的发展。

宋代因为鉴于唐代的覆辙，所以采取了更严格的方法，根本不使地方上有军队。宋太祖“杯酒释兵权”的有名的故事就是为了剥夺地方将领的兵权。宋代统治者在全国各地募兵，把强壮的都送到中央去充“禁兵”，老弱的才留在地方上为“厢兵”，但又并不给以真正的军事训练，所以实际上可说是地方上并没有兵。地方和边疆需要军队镇守，都派禁军去担任，又不时加以调动，使得军队不能常驻一地，边疆守将也不能经常统带同一个军队。——但是宋代的方法虽然避免了唐代的覆辙，却造成了虽养巨额军队，国势日益不振的现象。

这实在是封建专制主义的军队中的一个基本矛盾。军队倘若由固定的将领来训练指挥，常不免于脱离国家的控制，但若实行了兵将分离的方法，却又必然减削作战时的战斗力，因为在那样的政治之下，以当兵为职业的士兵并不会有什么国家观念，他们往往只在一个较有能力的将领的统率之下才能训练成精兵，在作战时也多半只有“为主将效死”的观念。南宋初年，岳飞、韩世忠的军队能够对金人取得较多的胜利，正因为他们的军队已不是过去的“禁兵”和“厢兵”，而是他们自行招募和训练的，所以当时有“岳家军”一类的称号。韩、岳等人统领这些军队并非和宋政权对立，而是增强了抵抗外侮的力量，照理应能为宋政权所赞助。但因为宋政权担心军权的旁落比担心失地不能收复更甚，所以秦桧的计谋被采用，岳飞冤死，而南宋只能一直往下地走向亡国。从宋以后，各代都没有再发生像唐末藩镇割据那样严重的情形，这固然是唐以后中央专制政权日益强固的表现，但是像宋代那样地追求统一军权，却只落得兵惰国弱的结果，仍是在明清两代继续重演的现象。如清朝的国家军队——八旗与绿营到后来全部衰朽到极点，不堪作战，在剿灭太平天国时，只能依靠新起的所谓“湘军”、“淮军”，而湘军、淮军事实上已成了私人的势力。由这种湘淮军的传统继承下去，更一直引导到了民国成立后“北洋军阀”的割据，军队完全成了私人争权夺利的工具，其影响的可怕，更是我们所十分熟悉的了。

五、“养兵千日”

如上所述的制度，就使得国家经常养着大量的军队。为了“用在一朝”，必须“养兵千日”，这也是在职业兵制度下的必然现象。

正如官僚膨胀的现象一样，专制政治的职业军队也同样不能免于无限膨胀。如在唐代晚年，虽然有很多区域已在藩镇割据之下，中央政府能统治的地区很小，但也因为内战频繁，非养大量的兵不可。宪宗时养兵八十三万，到穆宗时相距不过十余年，兵数已增为九十九万。宋代开国初年，全国兵数不超过四十万，但五十余年后，真宗天禧年间，已近一百万，又二十多年后，在仁宗庆历年间，竟达一百三十万之多。要养活这样多的常备军，不是很容易的事。唐宪宗时，政府所能征赋税的地区，只有一百四十多万户，平均以两户人家养一个兵。穆宗时供赋税户数虽增到三百三十五万，但因兵数也在增加的缘故，平均起来，一个兵仍只靠三户人家来养活。宋代因为外寇入侵，国境日蹙，而军队却不断增加，所以养兵之费最多的时候达全部国家岁入的六分之五。

官僚和军队本是专制统治权力的两大支柱，对于专制统治下的人民实在没有好处，但人民却必须承受这负担，拿自己的血汗来养活他们。结果是人民负担不起，国家也对这庞大的养兵费感到棘手。

所以从来的政治家都企图实现一种制度，能使军队在平常时候自己养活自己，不必动用国库。汉代的屯田制，唐代的府兵制，和明代的卫所制的所以被人赞扬，这也是一个主要原因。明太祖行卫所制后，曾自夸道："我养了百万的兵，却不费百姓的一粒米。"这种种制度虽有不同，但不外是令兵士除打仗的任务以外，更须自负种田的任务。

汉代戍守边疆被目为苦差，武帝以后多征发囚徒，使去边地开荒，兼负戍守之责。到了三国时，因为内战造成大量军队，人民又多死丧流亡，耕地荒弃，所以曹操把屯田制推行于内地；起初也收到了安定社会秩序的效果，但到了后来，兵士因为被迫着替国家负当兵种田的双重苦差，其社会地位乃落到一般公民以下。唐代府兵制已如前述，是选出一部分农民，使其一面种田，一面即在农隙受军事训练。明代的卫所也是屯田的性质。——这种种办法，在不能实行征兵制时，未始不是好办法；但是在封建专制主义政治下，究竟难以继续推行。屯田制下的兵，比起一般农民来，多一种当兵的义务，同时又比被雇用的职业兵多一种束缚，即是他们对国家还处于佃农或农奴的地位，而直接受着经济的剥削。明代卫所制下，兵士耕种所获不仅供养自己，也供养军官，而且出征时必须携带的各种用具，一概全由士兵自备。这在当时的政府看来固然很合算，但在兵士看来，究不是乐于从事的。所以屯田制、卫所制终究还是行不通，不能不为纯粹的雇佣兵制所代替。府兵制虽似较好，因兵士可以免除赋税而自行耕种，但也如前所述，行之不久，即已废弃了。

所以，一般说来，历代的军队是由国家把国库中的收入——也就是人民的血汗的聚敛，来养活的。而且既养着大量的军队，倘不拿来对外作战，就不免闹乱子，成为内战的一个因素。一旦发生对外战争或内战，自然又使耗费格外增加了。所以养兵费和战费的支出激增，常成为促成历代政府财政危机的一个主要原因。

在这里，我们还不要忘记官僚的作用。当官僚腐蚀着整个专制统治，破坏其财政的时候，军队也同样受到他的势力的支配。明末军队和清代的绿营最充分表现着这种情形。所有的军官几乎都拿军职当做捞钱的机会，向上报告兵额时以少报多，向下发给军饷时横加侵占，因此政府虽然耗费巨款养兵，而士兵的待遇总是很低。本来，当军队不断扩大之际，除了皇帝的近卫军队，或统治者特别培养的基干武力（如清朝之八旗），一般军队中额定的饷额是很低很低的。

当兵既成为专门职业而和一般生产人民截然分离，又因平日待遇微薄，更无自尊心，所以一到作战时，自然说不到爱护人民的军纪。由此，兵士更成为一般人民害怕、憎恨和贱视的对象。“贼来如梳，兵来如篦”，这两句在明清两代非常流行的谚语，充分表现出封建专制统治者所培养出来的军队在民众间所造成的印象。

由此不难明白，为什么封建统治者虽然“养兵千日”，但到了最紧急的“一朝”，他的军队却并不能发挥很大的作用。固然在汉唐明清各代也有所谓武功极盛、军力很强的时期，但都只能维持一个较短的时期。汉晋宋明各代所遇到的游牧部族的入侵，本非很强大的力量，汉唐宋元明清各代又都发生过农民起义，这种农民自发的骚动，起初也只好算是乌合之众，但就在这种并不太强的敌对力量前面，封建专制统治者平日所蓄养的百万雄军，常常一朝涣散，土崩瓦解！

当然，军事上的危机（具体地表现于将骄兵惰，士兵的逃亡，组织力的涣散，战斗力的消失等……）的根本原因还是在于政治上。在和人民根本对立的封建专制主义的统治下，只能采用以强拉硬派方式为补充的募兵制，造成与人民分离甚至对立的职业军队，也就必然引起这种军事危机。而军事危机的加深，也就加速了封建专制主义在财政上、政治上的危机。

和这种职业的军队相对立的，有所谓人民的军队。我们从现在的战争经验中，已懂得了只有人民的军队才是有力量的。但封建专制统治者当然建立不起来真正的人民的军队的。除了在春秋（以至战国）时，军队的构成分子只是少数的贵族以外，历代的军队的构成分子本都是人民，但封建专制统治者却必须使这些兵士，虽然从人民中出来，却成为以当兵为特殊职业、终身职业的人，而和一般人民隔绝开来。这是因为专制统治者并不愿意让他的军队真正去卫护人民的利益，他也不可能提出为人民所拥护的战争的目的。

但在中国历史上有没有过人民的军队呢？也不是绝对没有。我们可以从农民起义和反外族侵略中看到人民以志愿的方式结合起来的军队，那可以说是人民的军队的雏形。下面我们将另有机会谈到。

五　一切寄托在土地上

我们已经谈过，封建专制主义者建立了层层节制的官僚机构和职业的雇佣军队，这样来维持其统治秩序。但当兵的人是从何而来呢？养兵和养官的费用又是从何而来呢？

当兵的人是从农村中来的，养兵和养官的经费也是从农村中来的。农业是封建时代的社会经济的根本，农村是封建时代的政治的基础。

在封建时代，人民的生计，国家的财用，一切都寄托在那繁生百谷的土地上。

至今农民在全国人口中还占百分之八十以上。在过去的封建时代，农民的数量自然更多。那时的人民大众其实就是农民。千百万个从事农业劳动的家庭，自然都是把他们的生命寄托在土地上面的。

一切不从事劳动的人也是依靠土地为生的。一切地主、官僚、贵族，以至整个专制统治的国家机构，都是以农民的劳动、土地上的收获来供养自己的。

要懂得中国，必须懂得中国的农村；要懂得中国的历史，必须懂得中国农村的历史。

一、个体劳动的小农经济

早在殷代，中国社会中，畜牧业虽然还很发达，但主要的生产劳动已经是农业了。这就是说，农业在中国已经有了三千数百年的历史。

但是三千年前的农业情形，和后代的情形不同。首先使用的农具就是不同的。那时的农具以木头做成的为主，部分地使用石头和铜。

从木制的农具到铁制的农具是一个重大的进步。中国人知道用铁是从春秋、战国时期开始的。可以想象得到的，在初期，铁的开采量还不多。不能在到处农村里都使用铁器。直到汉代，也还有很多贫苦的农民只能用木制的耕具。但毕竟从汉代起，铁器是开始被普遍地使用了。

和使用铁器同时，又开始了耕畜的使用。孔子的学生中有一个名叫司马耕的，字子牛，可见那时已知道用牛耕田了。在未用牛力以前，是由两个人并排拉着耒耜而耕的，那叫做“耦耕”。春秋、战国时代，有很多农民没有牛，仍只能采用“耦耕”的方法。到汉代，牛耕渐渐普遍，但是贫苦的农民也还是不能有牛。直到现在，也还有养不起牛的农民只能用人力拉犁的。

这种在劳动工具和生产技术上的改进具有很重大的意义，因为使用了铁器和耕畜以后，就使农业劳动生产力显著地提高了。但是自从这一次大的改进以后，继续两千年之久，直到现在，却再没有同样意义重大的改进。拿现在在田里劳作的小农民和两千年前的农民比较，在其所使用的农具和耕作方法上，可说是没有什么本质上的差别的。

这自然不是说，在这两千年中，没有任何进步。拿最主要的耕具犁来说罢，在现在的农村中，我们可以遇见各种形态不同的犁，有比较拙劣的，也有比较灵巧的，这从拙劣到灵巧正可表现长期历史中的演变过程。此外在施肥、灌溉，以至运用风力、水力各方面，也都曾不断地有过进步。但这些进步并不具有那样重大的意义，这是因为，这些进步还是停留在小农经济的个体劳动的范围内，还不能冲破这个范围。

所谓个体劳动就是以个别的家庭为单位从事劳动生产，运用一个家庭内的有劳动能力的人，独立地在一小块土地上耕作。——这是两千年来农业劳动上的基本形态。我们的农村中至今袭用的简单的农具和耕种方法，恰恰是和这种个体劳动形态相适合的。最早在殷周时期，因为农业劳动生产力还十分低下，必须集合相当多的耕作者在比较广大的土地上耕作。那时的耕作者是奴隶的身份，他们的主人用鞭子驱策着他们全力耕作，吮吸尽他们的血汗。后来由于使用铁器和耕牛而使生产力提高以后，个体劳动形态才能产生，因为到了这时，个别的小农家虽只靠少数的人力和小块的土地，已可能维持自己的生活，并且除了供给自己的必需生活资料以外，还能够提供出一些“剩余劳动”和“剩余生产品”了。

个体劳动形态的产生，一方面固然是劳动生产力提高的结果，但是另一方面又成为障碍劳动生产力更加充分提高的原因。因为以一个家庭中的少数人力来在小块土地上耕作，究竟不可能在技术上作更大的改进，并且这些农民虽非奴隶，但也不是自由人，他们是受着地主剥削的农奴——佃户，常常是被剥削得连最低的生活也难维持，生活的贫困使他们甚至连既有的耕作方法也不能充分使用，如缺乏耕牛便是最显著的例子。在这种情形下，劳动力的提高自然是不可能突飞猛进、不断增长的。

在中国社会中，千百年来流传着“各人自扫门前雪，休管他家瓦上霜”一类的谚语，那正是以个体劳动为基础的小农经济生活的反映。每一个小农家便是一个独立的经济单位，可以用自己的劳动生产品供给自己，不必依靠别人，可以不到市场上去买什么生活必需品。在这种小农经济生活下，手工业和农业是紧紧地结合在一起的。男耕女织是典型的农家生活，他们除了耕种谷田菜圃外，还要种一些桑田或麻田，用桑来养蚕织绢，用麻来织布。这样，每个农家就都靠自己的劳动来解决了衣食两大问题，更使自己能够成为独立的经济单元了。至于纺织的工具和方法，自然也和在农耕上一样，是与个体劳动的条件相适应，而停留在极简陋极原始的家庭手工业形态上的。

棉花是在元代以后才从外国传入中国的。虽然在明清，城市中有专门的棉纺手工业工场，但棉花的种植和棉布的纺织，一般地还是当作分散的小农家的副业。商业的发展在中国社会固然已有了极悠久的历史，但是封建时代城市商业的发达，并不足以改变社会的生产制度；它只是参加了对农民的剥削，加深了农民生活的苦难。

近一百年来，中国农村更是历尽了风波。外国的商品——主要是棉织品，向农村倾销，开始打破农村中的家庭手工业和农业的结合；城市中工业的开始发达更对整个农村起了严重的摧毁作用。但是中国工业发展毕竟是在半殖民的状况下，仍没有能把旧的农村社会关系完全破坏，只是农民的生活更加不安定了。在这一切风波变动之下，个体劳动的小农经济，虽已百孔千疮，还是顽强地支撑着存在。由此可见它是有着何等根深蒂固的历史根源。

我们必须知道，这种落后的个体劳动的小农经济正是封建专制统治所依靠的基础。历代专制政府在农业政策上的最高理想，就是使所有的小农家各自守着一小块土地好好地从事耕作，因为这情形是最便于他来统治和剥削的了。封建专制主义者一面尽可能地要保障这种小农经济的农村社会秩序安定，一面则尽可能地加以榨取。他之所以要保障其安定，正是为了榨取的方便，但无限度的榨取又必然使农村不能安定。——这是很显而易见的历史事实。

二、谁是土地的主人

照“普天之下，莫非王土；率土之滨，莫非王臣”这种说法看起来，就是一切土地都属于国家所有，皇帝以国家代表者的资格而做一切土地的主人。全国人民中以农民占绝对大多数，所以可以说，全体人民——农人——都是皇帝的佃户。皇帝——国家自然就有权利向一切农民征收地租。照我们现在的说法，私家地主向农民征收的是“地租”，国家所征收的是“田赋”。但租和赋的名目的区别，是到宋代才开始，在那以前，国家征收的田赋也叫做租。

我们先从汉代的情形看起。汉代初年的农民，大多数都能每家有田“百亩”以供耕作。但当时所谓“百亩”不过相当于现在的三十亩。这些小农家终年勤劳，除了在最低的生活程度上养活自己外，全部的剩余劳动和剩余生产物都被国家征去了。聚集了千百万小农家的血汗，便构成了汉家天子的尊荣。

但那时也并不真是土地全部是皇家所有，因为从战国时期开始，土地是可以在私人之间买卖的，汉朝也不能禁止土地的自由买卖。于是经商或做官而发了财的人可以广置田产，在政治上有特殊势力的人更可以倚势并吞小农家的耕地，皇帝也常把大片田地赏赐给“功臣”。所以在汉代豪强兼并土地的现象越来越厉害，甚至成为一个严重的社会问题。私家大地主有拥田达数千顷的。失掉耕地的小农家无路可走，只好投身豪强大地主门下做佃客，或甚至卖身为奴。汉代有许多大地主还是用奴隶劳动来耕作的。

这些大地主中，有些是有权不纳国赋的，有些是虽有纳赋义务，但可以仗势不理。所以地主和专制统治者，虽然同样以剥削农民为生，基本的利害一致，但是地主势力的过度膨胀却也对汉家天子不利。这种地主势力，假如发展到把某一地区的土地完全垄断，使国家的财权，以至军权、政权都只能退出这个地区，那就形成了地方割据势力。汉末王室衰微，地方军阀割据称雄，造成分裂局面，其经济基础正是在此。

这是汉代的情形，以后封建专制主义的各代，大体上也有着与此类似的情形。我们不妨再来谈一下魏晋以后的“均田制”，因为这是最明白地表现着专制统治者想以地主的身份来直接控制全国小农家的企图。

汉末三十年的军阀混战的结果使得人民流离失所，土地荒芜。曹操就把所有的荒地直接收归国有，派官管理，实行屯田，先是“军屯”，后来是“民屯”。屯田的耕种者和官家按照一定比例分配农产物，那时的比例是：用官家的牛的，屯民得四分，官家得六分；农民自己有牛的，对分。由此可见，当时的政府不但是田主，而且是牛主。农民显然只是政府的佃户。西晋承继这制度，更把地租提高了，有高到二八分（用官牛）和三七分（用私牛）的。但在魏晋间，私家大地主势力也渐渐兴起了。贵族官僚世家都拥有广大田庄，包庇着多数佃客，不纳国赋。所以西晋政府就从事于两方面的努力：第一是限制大地主的土地所有，第二是分配土地给小农家耕种，使之直接向国家缴租赋。当时称为“占田制”。其办法是规定各级官员依据其品级高下得占有若干土地，也规定每一农家可以分配得若干土地。虽然在西晋，这两方面其实都没有成功，既不能真正抑制豪强权贵的兼并，也不能保障所有的农民都有耕地，但是这制度是做了后来的北朝和隋唐行均田制的蓝本。

东晋时，江南原来的私家大地主势力很大，新迁来的权贵们也纷纷占夺土地，实行兼并。东晋和以后的南朝各代，政权都不稳固，变乱相承，正由于这经济上的根本原因。但在北方不同，因为北方经过了很久的战祸，社会经济大受摧残，原有的地主很多都逃走了，所以到了元魏统一北中国时，有着大量的荒田。鲜卑统治者就占夺了这些荒地，招收流民，分配耕种，使这些农民直接做国家的佃户。以后的北朝的齐周，以至隋唐，都继行这个制度，也因为在这各代开国之初，都曾经过严重的战乱流离之故。

这里拿唐代的均田制做例子。按当时规定的办法，有“永业田”和“口分田”两种，每户人家可得到二十亩的“永业田”，算是农民私有的，规定必须用来植树种菜，尤其是栽桑。凡男子在十八岁到六十岁的可以分到八十亩的“口分田”，这是谷田，在本人死后要由官家收回，另外分配给别人。当时一般地规定，无论是“口分田”还是“永业田”都不得买卖，但也有例外，比如在人死后，家属无力葬送或远去他乡者，得出卖“永业田”。对于“口分田”的买卖，限制得更严一点。和对于农民分田的办法同时实行的，也有对贵族官僚占田的规定。如在贵族中最高的亲王可以有一百顷的“永业田”，官员中最小的“从五品”官有五顷的“永业田”，最大的“正一品”官有六十顷。官员的俸禄也是给付以田地的（称为“职分田”），如一品京官的俸禄是十二顷，九品京官是二顷。

这所谓均田制虽然是专制国家作为地主而直接剥削千百万小农家的制度，但是在各代都并不是普遍执行的，因为这并不是把一切豪富的土地剥夺下来分配给农民，而只是分配荒地。私家大地主仍能存在。而且专制统治者还以对贵族官员分田赐田的方法造成大地主，再加以田地买卖虽有限制，并未禁绝，更使权贵豪富得以实行土地兼并。事实上，土地的买卖和兼并，是经济发展的自然趋势，也不可能禁绝。到了唐朝中叶以后，大地主势力更盛，地方军阀割据分裂，均田制遂不得不归于消灭，此后各代再也不能重行这制度。

唐代后期和以后各代都容许大地主的存在和发展，不加以任何限制。这些地主多半是贵族和官僚，也有庙宇的僧侣成为大地主的。他们往往拥地数万亩，有佃户百千户。在唐宋，农村中有很多“庄园”，那都是大地主的产业。地主和庄园主人向农民收租，国家向地主收赋，所以在宋代，租赋二名有了区别。但很显然的，田赋还是由地租中来的，可以说是专制统治者和地主分享着农民所供给的地租。至于有着特殊势力的大地主，仍往往可以缴纳极轻的赋，或完全不纳，他们在自己所管辖的田庄内，役使着佃户农奴，俨如一个小小的帝王。皇家也建立私有的庄园，那自然是最大的庄园，如明清的皇庄都有数万顷之多。

原来到了唐宋以后，因为水利兴修和耕种方法的进步，农业劳动生产力较前代提高，所以专制国家和私家地主可以一起向农民更多地勒索。生产力的提高对于农民没有好处，只是使他们劳动的结果供养了更多的人，因为土地不是属于他们所有的。

中国的土地毕竟广大，虽有许多田地被大地主占为私家的产业，也还有很多小自耕农家。如在宋代神宗元丰三年（1080）的一个统计，在一千五百万户农户中，有将近五百万户是庄园中的佃农农奴，还有一千万户是独立的小农民。这一千万户农民在名义上虽然是他们所耕种的土地的主人，但是实际上却要在各种赋税的名义上纳极重的地租给国家，他们对于所耕种的土地，其实只好算是有着永佃权，并且贫苦的生活使他们常常有失去他们的土地而变成皇家或私家的田庄上的佃户农奴的危险。

由此可见，两千年来的农民都是过着被奴役的生活，整个专制帝国是由他们的血汗直接间接供养着的，但他们从来不是他们所耕种的土地的真正的主人。

三、农民出谷出钱又出力

为什么“租”、“赋”二字会被混同使用呢？那是因为在实际上，那时的田赋实在就是国家向农民征收的地租。

一般说起来，在封建社会中，地主是把农民的全部剩余劳动，以至必需劳动中的一部分都剥削下来，作为地租，使农民只能用极少的劳动生产品来勉强维持自己的生活。专制国家所征收的赋税正是如此的。缴了赋税以后，农民的所剩，的确是连自己的最低生活都难以维持了。

在战国时，魏国的李悝曾给农民算了一笔账。他说：一个五口人的农家，耕田一百亩，每年每亩可收粟一石半，共一百五十石。除掉“十一之税”（十分之一的税）十五石，还剩一百三十五石。每人每月要吃一石半粟，五个人一年共需九十石，剩下的只有四十五石了。穿的每人每年平均用钱三百，一家共需钱一千五百，这等于五十石粟（粟一石值钱三十）。——这样算起来，这个耕田百亩的农家，缴了“十一之税”以后，连必需的衣食已难维持了。何况农家除了这最起码的衣食而外，也还有别的必需用费，而且“十一之税”只是额定的正税，事实上还有其他种种赋税加在每一个农民身上。（对这笔账应该说明一下的是：当时的“亩”和“石”都比现在的小。“百亩”约抵现在的三十亩，“一石”约抵现在的一斗。三十亩只产粟十五石，可见当时劳动生产力之低。所以虽是十一之税，也不是农民所能胜任的。）

到了后代，劳动生产力渐渐提高，国家的租赋也跟着加重了。汉代的田赋算是极轻的，只收十五分之一乃至三十分之一。但是还有其他种种名目的赋税，如每个农民都必须交纳的人口税，其实也是田赋的变相。所以汉代当时，已有人指出，在实际上，农民需缴百分之五十的税。汉以后各代，农民负担的赋税都不少于此数。

农民对于专制国家的实际负担，还不只是以农产物或银钱缴纳的一部分。封建地租本有三种形态，就是力役、实物和货币。封建专制国家也曾在这三种形态下榨取农民。以货币交田赋是从唐中叶以后才有的，但在用货币时，也兼行力役和实物的榨取。在不用货币的时候，更是一面要农民以劳力服役，一面又征取其劳动生产品——以谷物和布帛为主。如汉代规定，农民每年要担负一个月的徭役劳动和三天的戍守边疆。在行“均田制”的各代，也是力役和物租并取的，如唐代行均田制时的赋称为“租庸调”法，“租”是谷物，“调”是布帛，“庸”就是徭役（当时的规定是每人每年服役二十天）。租庸调法和均田制同时消灭，唐后期行的赋制称为“两税”制，即以“租庸调”三者合并为一，只有以钱或实物交纳的一种田赋。但是事实上，农民仍不免于差役之苦。宋代、明代的农民也都有为官家服役的义务，都可算是农民对国家以力役充租赋的性质。

田赋是封建专制主义国家的财政收入中的最主要的一项，像在清代乾隆三十一年，国家总收入是银四千万两，其中属于田赋项下的收入是三千二百万两。可以说，在专制统治者的财政收入中，绝对大多数是取之于土地上面，从农民的血汗中剥削下来的。（至于间接地看起来，封建时代的一切商业税和别的税，最后也都还是转嫁在农民们的身上的。）但是光从国家田赋收入上，还不能知道农民的全部负担总数，因为历代的地方政府的开支和官吏薪给多半直接取之于当地的田赋和别的税收中。再加以地方官员和收税的官吏还要巧立名目，中饱浮收。像在清代，政府规定江南应缴给国家的米粮是每年四百万石，但实际上江南人民要缴一千四百万石，那一千万石便成为各级有关官吏的中饱了。由此可见，农民的负担是何等的沉重！

在唐代以前，地主们几乎完全不负担国家的赋税。唐代行均田制以后，国家按田亩收赋，属于大地主的田地自然也有缴纳国赋的义务；但是实际上，因为大地主多半是官僚或退职的官僚，具有特殊权势，所以都能仗势不缴，逃避国税，或隐瞒其田亩，以多报少。所以田赋的负担主要的还是落在贫苦的小“自耕农”身上。地主们纵有所负担，但是不消说的，这些负担仍是转嫁在佃种他们的土地、向他们缴纳地租的农民身上的。

私家地主对于农民的剥削也是很重的。唐以前，常有人把国家向农民所征赋额和地主对农民所征租额相比较，来指斥地主收租太重。这二者可以对比，也正足以表明国赋原来就是地租。汉代人说，国赋只有十五分之一，而拥有土地的豪强，把土地分给小农种，却要上十分之五的租。（但我们上面说过，国赋十五分之一其实只是名义，实际上国家和私家地主对农民的剥削不相上下。）唐代也有人记载说：长安附近，一亩田官税五升而私家收租却有五斗到一石之巨。

农民对于地主，大都是以实物交租。也不止是谷物，还有其他种种实物。清代的小说《红楼梦》中曾记载，在快要过年时，宁国府家的黑山庄乌庄头前来缴租，书中列着所缴的租的清单，其中有猪、羊、鹿、獐、鱼、虾、鸡、鹅、炭、米、干菜以至熊掌、鹿筋、海参、鹿舌，等等，还有一部分实物折成了银子缴来。从这里可以看到这官僚地主家庭对于他的田庄上的农民的剥削情形。大观园中的繁华原来也是建筑在农民的血汗上面的，贾珍向乌庄头说得好："不向你们要向谁要？"

除了物租以外，农民对于地主也有供奉劳力的义务。地主可以在一定时期内或甚至无限制地役使他们。在汉代、晋代，对于做了大地主的佃户的农民，国家的权力就不能达到，不能向他们征税征役，这就叫做豪强包庇民户。但这些农民脱离了国家的权力后，却落到私家大地主的权力下，实际上成为农奴，就是说他们不仅缴纳生产品做地租，而且失掉了人身的完全自由，听凭地主役使。在唐宋大地主的庄园中的佃户也都还是农奴的地位。

宋以后专制统治更加强，也表现在这一点上。国家的权力渐渐无孔不入，他既向地主征赋，又使地主不能"包庇"农民。于是农民既要向地主缴很重的租，间接向国家缴赋，又要负担国家的其他杂税，并应国家的差役。他们的负担比起仅仅负担国家赋税的自耕农是加倍沉重了。

四、千灾百难下的农民生活

由以上所述，已可见在专制主义下的封建社会中的农民生活是何等痛苦。要把农民的痛苦全部写出来，决不是在这简短的篇幅中所能做到的。

有许多写“田园生活”的诗和文章把农民生活写得十分悠闲自在，但那其实出于不是农民的士大夫诗人的想像。汉代的晁错曾用这样的话素朴地写出了农民的生活：“春耕夏耘，秋获冬藏。春不得避风尘，夏不得避暑热，秋不得避阴雨，冬不得避寒凉。四时之间，无日休息。”正是因为所用的劳动工具很简陋，又是在个体劳动的形态下，所以农民在生产中不得不支付极繁重的体力劳动，把他们的全部精力都花在土地上面。

但勤苦的劳作并不能保障他们的最低的生活。汉时又有人写农民生活说：“男子力耕，不足粮糠；女子纺织，不足衣服。”这是说，劳作的结果却是穿不暖，吃不饱。那么穿吃什么呢？“贫民常衣牛马之衣，而食犬彘之食。”农民们过着牲畜一样的生活。

上引晁错的文章中又指出，农民们不仅勤劳，而且是“尚复被水旱之灾，急政暴虐，赋敛不时，朝令而暮改”。这是把天时的灾害和政府的苛敛并列为使农民生活痛苦的原因。

对于封建时代的农民，“天灾”并不是偶然的事变，而是经常可能遇到的威胁。

黄河对于农民的灾害是最可怕的，它在历史上有过无数次的决口、泛滥乃至迁徙河道。如在1194年（南宋光宗时），黄河下流原来从开封以下是向东北流的，这时忽然转向了东南，经徐州，到洪泽湖北岸，过淮安以北而入海。在1852年（清咸丰时），黄河又抛弃了这条东南的水道，回到了北方。这两次大迁移所灾及的区域纵横都有千里。滔滔的洪水淹没了几万顷农田，无数的农民葬身在洪水中，无数的农家失去了家产耕地，那情形是极可怕的。但这不过是规模最大的两次水灾，黄河和别的几乎一切主要的河流造成的灾害，以及旱灾、虫灾和别的种种的“天灾”，在历史上都是不绝发生的。

农村对于封建统治者的关系既是那样密切，所以他们也不能不注意到防止和救济“天灾”的问题。治河筑沟渠这一类防水旱以利农田的事业总是列在要政之内的，常为此而花费极大的财力和人力。固然当时的技术条件限制着这些事业的成就，而腐败的官僚机构却是更大的妨碍。这些本为利民的事业不但常做不到可能的程度，而且往往反而扰害了人民。历代政府常以治河名义向农民大量地征工征钱，但治河的官僚们却把这官职当做发财的肥缺，并不真去治河；他们也不愿意把河治好，因为真治好了，他们就没有官可做了。

封建统治者既不能防止“天灾”，救济也常只是空话，更因为农民平常受剥削受掠夺太甚，所以完全丧失了应付任何突发的灾害的能力，更无力补偿所受到的损失。在这种情形下，自然是只要一点“天灾”都可以扩大到不可收拾了。

由此可见，使农民生活困苦的根本原因还是在当时的社会政治关系上。正是所谓“急政暴虐，赋敛不时”，地租、赋税、徭役、兵役交相逼迫，压在农民头上，使他们喘不过气来。地主欺凌他们，官府压制他们，他们在政治上没有任何地位，甚至连诉一句苦的机会也没有。他们过着饥寒的生活，而且常常只能过着半自由的或甚至是不自由的生活。一遇到灾荒和战乱，他们的生活更是受到严重的摧残。

至今各地民间流传着的《孟姜女》小调可以代表两千年来在封建专制主义的力役制度下的农民的苦痛的呻吟。就是属于士大夫的诗人们也曾有些说出农民的这种痛苦的作品。唐朝的杜甫、白居易写过很多这一类的有名的诗篇。在这里，让我们来举一首五代时的杜荀鹤的诗。五代是乱世，农民受剥削蹂躏极重，杜荀鹤有首诗记一个山中寡妇说：“夫因兵死守蓬茅，麻苎衣衫鬓发焦。桑柘废来犹纳税，田园荒后尚征苗。时挑野菜和根煮，旋斫生柴带叶烧。任是深山更深处，也应无计避征徭。”田地已经荒芜不能耕了，但租税还是要缴，无论躲到怎样的深山里，官家还是要来征服徭役。这是何等悲惨的情况！

我们在谈农民生活时，还应提到因商业发达而加深了农民的灾难，晁错在汉代已指出这事实，农民为应赋税的急需不得不把生产品出卖，或以加倍的利息借债，以至不得不卖田地卖子女来还债，而商人则坐享其利。这正是商业资本、高利贷资本侵入农村的现象。唐宋以后，商业日益发达，农民在这方面更是受苦很大，既受谷物贵贱的影响，又受高利的债项的束缚。晚唐时又有人作诗说：“二月卖新丝，五月粜新谷；医得眼前疮，剜却心头肉！”经营商业和高利贷的人也参加了对农民的剥削，使农民更加翻不过身来。

宋代的司马光写当时的农民生活说：“水旱、霜雹、蝗蜮间为之灾，幸而收成，公私之债，交争互夺，谷未离场，帛未下机，已非己有，所食者糠粃而不足，所衣者绨褐而不完。直以世服田亩，不知舍此之外有何可生之路耳。”这是何等沉痛的写实。但是司马光以为，农民无论怎样痛苦，总不改业，因为他们不知道在种田以外，还有什么路可走。这话却应该加一点补充。让我们想一下看，在那封建社会中，农民纵想改业，有什么路可以让他们走呢？在资本主义社会中，农民可以转移到城市中去做工；但封建社会的城市却绝对容纳不了那么多的破产农民。所以农民被紧紧缚在土地上面，只好一代代忍受着极端痛苦的生活，守着一小块的耕地。到了连这一小块土地也不可能继续耕种的时候，弱者只好离乡背井，去做饥饿的流民，强者就落草上山，铤而走险了。

六　大地下的撼动

一、农民创造了奇迹

封建专制主义时代，在文化建设上的确有极惊人的表现。横亘万里的长城，贯穿南北的运河，这种伟大的建设是至今犹博得人们的赞叹的。但这一切是谁的功劳呢？不能否认的是，这是千百万农民拿他们的劳力、血汗以至他们的生命做代价而创造出来的。封建社会中繁华的城市，富丽的宫廷，离开了农民也都归于乌有。农民不但在物质文化上有功，就是在精神文化生活上也有其贡献。虽然他们所直接产生的艺术是比较粗糙的，但是被士大夫拿去加了工，就成了乐府、诗、词、曲、小说种种在形式上很精致的东西。士大夫的艺术创造之所以能在历史上不断地日新月异，也不能不归功于农民的丰富的创造能力。而且倘没有千百万农民在下面担负着社会生产的任务，上层社会哪里有余裕来从事思想和艺术的活动？那些像牛马一样地生活着，也像牛马一样地劳作着的农民，虽然常常无名无姓，默默无声，但没有他们就没有一切在历史上的辉煌的事物。

但农民在历史上老是默默无声的么？不。在两千年中，那沉默曾经无数次地被巨大的震动所打断。这些震动从农民中发出，像急风暴雨一样地扫荡一切，逼迫得任何历史书都不得不记录下这种声音，留下他们的姓名。假如千百万农民在沉默无声时，就像那凝重的大地一样，那么专制王朝就是建筑在这地基上的高大建筑物。看起来这建筑物是站在何等稳固可靠的基础上啊，然而大地下面也会发生撼动，高大的建筑物应声而倒！——推翻皇帝的宝座，夺下百官的朝笏，剥掉了一切王孙公子的华服。谁能想象得到，在这沉默的大地下面蕴藏着这样巨大的力量！

每一个专制王朝都是寄生在农民的身上的，可是也几乎每一个专制王朝都是被农民的力量摧毁的。

秦朝，这第一个封建专制主义的王朝，就是被农民摧毁的。秦始皇禁止人民藏武器，但是一群被征发了去戍边的农民在中途造反了，他们的领袖陈胜、吴广，一呼百应，就使得天下大乱，暴秦覆灭。

到了汉朝，王莽虽是安然夺得了西汉刘家的天下，但是禁受不了大地下面的撼动，在短促的时期中就被农民推倒了。当时，有号称“绿林”、“赤眉”、“铜马”的许多起义队伍。其中樊崇等人领导着的赤眉，还拥出了自己的皇帝，在长安城里做了一年多的主人。东汉最后固然是亡于军阀的割据僭位，但是给它以致命伤的也正是称为黄巾的农民叛乱。赤眉和黄巾这先后两次大规模的农民叛乱所拥有的基本队伍都在二三十万以上。为了镇压黄巾，东汉政府动员了许多地方武力和外族兵力，因此就加速了自己的分裂崩溃。

这以后，统一全国的专制王朝就是隋唐，他们的遭遇也是一样。在隋朝，农民不仅给那会享乐的炀帝筑成了一条运河，使他能到江南去寻欢，而且也给他筑成了坟墓，把他推向死亡。到了唐朝，虽然军阀安禄山、史思明的内乱已经结束了唐朝最兴隆的时期，但唐政权还能够支持，等到农民领袖王仙芝、黄巢起来造反的时候，可就把大唐天下弄得土崩瓦解了。

唐代的这次农民叛乱，在规模上是空前的，一共继续了十年（874~883年）。先是以王仙芝为首的三十万农民纵横在山东、湖北、安徽各地。王仙芝死了，黄巢又代之而起。他更往南发展到广东、福建，再转身北上，广州、长沙、武昌都曾被他占领，最后竟一直经洛阳而攻入首都长安。在长安城里，黄巢这一个农民队伍中出来的人，尝了两年多做“天子”的滋味。唐朝虽然终于把这次叛乱扑灭了，但是创巨痛深，自此而后，唐政权已经是名存实亡了。

宋朝是唯一的一个朝代，不是在农民的力量下崩溃下去的，但在那时也并不是没有较大规模的农民造反的事。像在北宋末年江南的方腊，在南北宋之交洞庭湖上的杨幺，其实都并不像旧小说所说的是普通的土匪。因为在宋代，外族侵凌十分急迫，所以农民起义的刀锋常常指向外敌，特别是在黄河以北被女真（金）侵占的区域，农民反异族统治者的斗争十分炽烈。这种斗争到了元朝更是大大地展开了。蒙古人的元朝一百年的统治，是和各地农民的叛乱共始终的。在最后十年中，分散的农民起义渐渐地集合起来了，以刘福通为首的“红军”占领了陕西、山东、河南，和元朝的北京政府对立着。明太祖朱元璋本来也是属于这农民队伍的。

朱元璋虽从农民造反的队伍中起来，但他所建立的明朝政权仍和别的朝代一样，是寄托在农民血汗上的。农民问题不能解决，农民的叛乱自然还是不可避免。到了明末，又爆发了一次异常宏大的农民战争。这战争开始于陕西，发展到山西、河南、湖广、四川、甘肃，他们的领袖是李自成、张献忠。明朝称之为“流贼”，但明朝在“流贼”面前终于一筹莫展。从开始发动，一直到颠覆了北京的明政权，一共有十六年（1628~1644年）。

清朝政权是对于起义的农民残酷地进行镇压而建立起来的。在民族压迫和专制统治之下，清代终于爆发了一次无论从力量、规模、成就、历史影响任何一方面看，都是空前的农民大起义，那就是太平天国。洪秀全、冯云山等人领导着农民在1850年起义于广西，第二年就建立太平天国年号。由广西过湖南而占武昌，沿江东下，1853年攻下南京，定为国都。一直维持到1864年，南京才被清兵攻陷而亡。在这十多年中，南京的农民政府和北京的满清政府对立着，这是在过去的历史上从未有过的现象。而且太平天国还从农民的立场上，鲜明地提出了政治主张和政治理想，创立了自己的政策、法令、制度，这也是过去任何一次农民叛乱所比不上的。在太平天国以前的几十年中，已经到处发生农民的起义，在太平天国失败后，农民起义的风波也没有完全停止，也有规模较大的，不过都不像太平天国那样能在相当长的时期中建立较稳固的政权。清朝统治虽然还继存了四十多年，到“辛亥革命”才被推翻，但太平天国的斗争已经把它的统治的基础掘松了。

以上所举的只是在这二千多年中，规模最大，而且对于当时的专制政权的瓦解崩溃起了直接影响的若干次农民战争。封建时代的农民，感受到沉重的生活苦难，在各地零碎地发生叛乱行为，还不足为奇；但他们竟能积聚成这样庞大的力量，作出这样惊天动地的事来，却似乎简直可以说是奇迹。

我们已经谈过，封建时代的农民，过着个体劳动的生活，习惯于散漫的农村环境，所以他们很难有坚强的组织力。要团结成巨大的集体行动，并不是很容易的事。这种生活又养成了他们“安土重迁”、容忍保守的性格，要他们离乡背井，抛弃他们所耕作的土地，去干不可预测的冒险事业，也不是件容易的事。当他们起义的时候，就武装实力而言，自然比不上专制统治者的久经训练的军队。所以在和平时期，专制统治者在农村中所看到的，只是一群忍苦耐劳、无知无识的两足兽，到了农村中开始有些风波时，统治者也以为这不过是一群愚民，不知利害，铤而走险罢了。但是就从这看来“无害”的大地下面，竟然形成了撼动一切的伟力，这究竟是由于什么缘故呢？

二、奇迹是如何造成的

是的，封建时代的农民是最能忍苦耐劳的。经常的过度的生活压迫使农民养成了适应最低劣的生活水准的能力。但无论怎样能忍耐，到了根本没有可以吃饱的东西给他们吃的时候，到了简直活不下去的时候，也无法忍耐了。苛重的赋敛剥夺了农民所有的一切，不断的水旱灾更使农村荡然一空，于是一次大饥荒的发生，甚至弄到“人相食”的地步，就成为促成农民战争的导火线了（如在王莽时，在明末）。

是的，封建时代的农民是最不愿意轻易离开土地的，但到了土地不能供给他们最低的生活资料的时候，他们也无法依恋土地了。加以富豪的兼并使他们失掉了耕地，无尽的差役又硬把他们拉开了耕地。秦代的农民起义由被征远戍的农民中发动，元代的农民战争由强征去修黄河的十万民夫中发动，他们既已被迫离开土地，就是被迫离开他们的生存基础。

那表现为那样巨大力量的地下撼动，就是这些被剥夺了一切生活资料、更被剥夺了谋生的物质基础的农民，在别无其他出路的时候，所激荡起来的。因为封建时代的农民的忍耐保守性极高，所以不到饥饿死亡线上的时候，是很难一呼百应、千万成群、形成集体的行为的。在这二千年中，不断地发生大规模的农村叛乱，这正是表现着，封建专制统治是经常把农民压在饥饿死亡线上的。

在封建主义统治下，农民完全没有在政治上发言的权利。官府绝不会理睬他们，没有任何合法的方法使他们能够为他们受到的不公平的待遇和生活的苦难而申诉，以求得纵然只是一丝一毫的改进。只要他们一有什么不满和抗议的表示时，立刻被官府朝廷看做不安本分的暴民。在这种情形下，农民惟有一直忍受下去，走向死亡，如果要作什么抗议，就只好采取非法的行动。所以封建时代的农民的反抗，总是一开始就是武装斗争，大规模的农民反抗总是表现为大规模的农民战争。平时是忍辱负重的“好百姓”，一声号召下，就拿起一切可能拿到的武器，不顾利害地顽强斗争，这看起来虽似乎很可怪，但其实正是封建专制统治下必然造成的现象。

像明末的李自成，他在起义中，向农民号召说：“迎闯王，不纳粮。”（闯王是李自成的称号。）这样简单的口号就能使所过的乡村中，到处沸腾起来，正是赤裸裸地表现着这是直接的生活斗争。而这一来，他们就和一切地主、富户、官府、专制统治者对立起来了。

假如他们的思想和行动限制于对当时社会上的贫富不均的不满，要“劫富济贫”，向富有者分财泄愤，那便是所谓盗匪。假如更进一步，意识到和官府、专制统治者的对立，以推翻专制王朝，扫荡封建秩序为目的，那就成为公开的“造反”了。像宋代的方腊，他向起义的人民说：“现在朝廷中，君臣们除了声色享受，建筑祈祷，甲兵花石种种浪费以外，每年还向西夏、北辽两国纳银绢各百万。这些都是我们人民的膏血。受苦的是我们百姓，一年到头劳动，求一顿饱饭也不可得。这样的朝廷，你们还能容忍么？”这话就是把生活斗争和政治斗争结合起来了。

在消极方面，他们要破坏既存的封建秩序；在积极方面，他们要建立什么呢？固然时代的限制使他们绝不能设想到现代的民主政治，但这些农民也确是在那黑暗的时代，运用着他们自己的经验、智力和想象力，摸索追求着，企盼和旧制度完全不同的新的东西。

像太平天国起义之初，就已明白宣布反抗异族统治的目的。并且规定一切人相互之间都以兄弟姊妹称呼，想实现人与人之间的完全平等的关系。在他们所颁布的各种制度中，最可注意的是所谓的“天朝田亩制度”，其中说：“凡天下田，天下人同耕。……有田同耕，有饭同食，有衣同穿，有钱同使。无处不均匀，无人不饱暖。”他们又不仅企图实现土地共有，而且企图使一切财产都归公有，废除了私有制度。——固然在太平天国建国期间，并没有完全实现这理想，在封建社会的客观条件下，也不可能实现，但是因为太平天国的领袖们能够提出这种社会理想，并且也有部分地做到，所以才激动了千百万农民群众的热情，奋不顾身，一往直前，作了十多年的苦斗。

在别的时期的农民战争中，也有类似情形，不过规模都不如太平天国，加以史料残缺，留传下来的事迹更不周详。举一个最早的例，如在西汉末年的赤眉。据史籍所载，当时樊崇等人在大饥荒中起义，很快就集合了数万人，订下规约说：“杀人者死，伤人者偿。”但他们并没有文书旌旗部曲号命，只是“以言辞为约束”。其中的领袖只是借用汉朝地方小吏的称呼，叫做“三老”“从事”“卒史”，而一切人都相互称为“巨人”。——这虽然是极简略的记载，但也可以从中看出农民的民主主义的朴素的理想。

这种农民的理想，固然是带着空想的色彩，但确是从农民生活中产生出来的。对于受尽现实生活的苦难的农民，这确是美丽的理想，是值得为之献身，虽粉身碎骨而不辞的。

所以农民战争并不是乌合之众，焚烧掳掠，毫无纪律。固然在农民战争发展中，特别到了接近失败的期间，不免有这种弱点表现出来，但是整个地看起来，因为他们是激于生活的苦难而起，抱着向压迫者复仇抗争的意念，又憧憬着一种理想社会的远景，所以像汉的赤眉，唐的黄巢，明的李自成，清的太平天国都常常能保持严明纪律，尤其在他们起义的初期，一切按照他们自己规定的办法，并不是人人胡作乱为，比起专制统治者的雇佣军队来，其实还好得多。否则农民战争绝不可能发展而持久的。

在这里，我们又不能不提到宗教在农民战争中的作用。封建统治者利用宗教迷信做愚民的工具，而农民，因为一般地在生活思想上落后，也常不得不利用宗教迷信做反抗的工具。在封建时代中国农村中，向来有一种土生土长的宗教，可说是属于道教的系统，但其形式随时随地有不同。东汉时的“天师道”（黄巾）或者可算是鼻祖。也有源于佛教加以改造而与土生的道教相糅合的，如元代和清代的“弥勒教”“白莲教”。农民又常易接受从外国来的宗教，因为外来的新的宗教更可自由地加入反抗现实的内容。佛教本也是外来的，至于太平天国更是直接接受欧洲的耶稣教义而创立了“上帝教”。南宋方腊是“魔教”教主，元末农民战争中“明教”有很大势力。魔教、明教都源于在唐时从波斯传入中国的摩尼教，其中杂有佛教的成分，也有基督教的成分。

宗教迷信在农民战争中起了鼓励和组织的作用，神秘的预言加强了农民起义的信心，教徒的联系是农民平时互助互济的组织，也是发动集体行动的基础。许多次农民战争中的领袖在起义之前都已作过十多年的宗教活动，再加上符咒神灵之说，更使农民们增加了战斗勇气。最可注意的是农民自己的理想常常就借宗教的外衣而散播，自由平等的朦胧观念多半借宗教的言语和组织而表现出来。如弥勒教徒、明教徒都相信宇宙间有明暗二势力，到了明战胜暗的时候，世界就成为光明极乐、自由幸福的了。这种宗教思想是很容易转化为现实斗争的，所以元末的韩山童、刘福通创言天下就要大乱，弥勒佛要降生，明王要出世，就使千万农民心中沸腾起来了。宗教迷信固然表现着农民的落后，但我们也可以透过宗教的外衣而去看到农民战争的实质。

由于以上所说种种因素，千千万万散漫的农民，在一朝间组成庞大队伍，发动了群众性的战争。在这种战争中，农民创造了他们自己的战略战术。他们在武器和训练上虽不如所遇到的敌人，但是他们能够灵活机警地行动，勇敢果断地出击，能够随时随地化整为零、化零为整，能够作长时期的长距离的运动战，因此那种内部腐败、脱离人民的统治者的雇佣军队常在他们面前失败。最显著的是，太平天国的有些领袖，如石达开、李秀成简直可说是天才的战略家。农家子弟石达开，二十多岁时即为独当一面的主将，建立了赫赫战功。李秀成出身于贫农家庭，太平天国起义时，只是一个小兵，但在太平天国的后半期，他已是指挥全局的大将。他们在军事指挥上的才干是连敌对方面的将领如曾国藩都深致钦佩的。这其实不只是由于他们个人的天才，而也是在农民的群众性的战争中出现的一种“奇迹”。

三、走向城市的失败

但是在封建时代，农民在战争中不管有多大的力量，发展到最后，总不免于失败。纵然他们推翻了一个代表地主势力的专制王朝，但他们并不能建立他们所理想的、合于农民利益的社会秩序。地主势力又以另一个专制统治者为代表而起来了。汹涌澎湃的农民声音重新被压到了大地的下面。

为什么在封建时代的农民战争逃不了失败的命运呢?

值得注意的一个事实是，在每一次农民战争中，从成功走向失败，其间的转换常常以进入大城市、获得在城市中的权力为关键。

譬如最早的赤眉，起义以后，聚众数十万，七年间转战各地，终于攻进长安。在长安城里住了一年多，不能建立安定的秩序，在把那一带地方的粮食吃完以后，被迫退出了。离开长安时还有二十多万人，却被后汉光武帝的军队一战而击溃。绿林、赤眉、铜马这些农民起义都成了光武帝登极的基石。

唐代和明代的农民战争也有类似的情况。黄巢在五年间纵横南北，几乎是所向无敌，声势赫赫地攻入长安，但在长安住了两年多，终于被四方云集的唐朝军队所逐出；又过了一年，他的力量全部被扑灭。李自成以急风暴雨般的力量夺取了北京，很快地被明朝和满人的联合力量赶跑。虽然在离开北京后，没有全部瓦解，但李自成本人战死，余众回到农村，重新积聚力量，开始新的斗争，声势也远不如前了。

由这些事例中可看出，农民在获得了中心城市时，便是达到了成功的极峰，同时也是转向失败的发端了。太平天国的历史也是如此。虽然太平天国占领南京，建都立国，历时最久，但是既得南京以后，就开始有安于既成局面的趋势，军事发展常受挫折，远不像定都南京以前的三年中那样战无不胜了。更严重的是太平天国领袖中骄矜自满，生活腐化，不能团结的现象也开始萌长，终在南京城内爆发了严重的内讧。从此以后，太平天国就走向下坡路，李秀成等优秀人物的艰苦努力也挽救不了整个的颓势，不得不同趋于崩溃。

这种现象之所以产生，可以从两方面来解释。一方面是因为：在农民占领了中心大城市后，往往使他的敌对力量方面发生了变动。另一方面，更重要的，是因为：农民本身的弱点，在过着城市生活的时候，更大地发展了。

封建专制的统治虽然形式上统一，实际上总是存在着许多矛盾的。统治者内部的矛盾，对于农民战争，自然是有利的条件。农民队伍万里奔走，一刻不停，在广大地区内进行运动战，正是充分利用了在统治者中各地方力量之间的矛盾以及地方力量与中央力量之间的矛盾。譬如，黄巢的部队到了湖北江陵时，曾被山南东道节度使刘巨容败了一仗，黄巢立刻渡江东走，有人劝刘巨容跟踪穷追，巨容不肯，说："国家多负人，在危难时虽不吝赏，事平却又加罪。不如让贼留下，以后还有好处。"这样，当然使农民队伍易于发展了。但是一到农民入据中心大城市后，情形就不同了。像是一声警钟一样，警醒了一切地主统治者，使他们看到，这原来不是捣点小乱的草寇，而是一个可怕的大敌。于是统治者内部的矛盾一时减低下去，协力对付农民。胜利的农民定居在中心区域内，便成为一个集中的目标，不得不承受从四面八方来的打击了。在太平天国史中，这情形尤其明显。汉族的地主，特别是中小地主，和清朝统治者之间本是多少还存在着利害冲突的。但在太平天国占领南京、震动全国时，在曾国藩的号召下，中小地主也都参加了反太平天国的斗争，帮了清朝统治者的大忙。要不然的话，单靠清朝的常备军是无论如何也战胜不了的。固然，在这情形下，统治者内部矛盾也不过是一时减低。他们纷纷起来出力打农民，还包含着争权夺利的企图。所以农民战争被扑灭以后，统治者内部的纷争反而更增强了，但是农民毕竟已在这中间吃了大亏。

有时，统治者虽然集中了一切自己的力量来对付农民，却还不能取胜，那怎么办呢？这时他们往往不惜勾引异族的力量，甚至本为强敌，也可以携手合作。如唐朝请了沙陀兵进攻黄巢，明朝邀请满洲兵入关来“收复”北京，清朝扑灭太平天国，也还运用了上海洋人所组织的“常胜军”。

所以，在农民占领大城市后，敌对力量是增强了。但同盟力量却并不能有什么增加。在封建时代的城市中，农民找不到有力的同盟者。有的只是一部分小商人和手工业者，这些人并不能给农民增加多少力量。更有的是不事生产、久在城市里混的流浪汉，这些人已养成很坏的习性，他们不仅不足以增强农民力量，反会发生消极破坏的作用。

何况农民本身还有许多弱点，这些弱点禁受不住城市生活的锻炼。当他们到处流动作战时，只提出几个直接的生活斗争的口号，加上理想社会的朦胧的向往，固然已能使饥饿的农民风起云涌的响应，但是没有明确的方针和办法，带着空想的色彩，究竟还是弱点。一到了城市中，应付比农村复杂得多的城市环境，那就不是从贫弱的土地上出来的农民所能做得好的了。而且既以城市做中心定居下来，建立新的政权，就必须为了解决一切问题，而有各方面的具体政策和实际施行的办法。农民要求理想实现，旧的势力（地主、商人等）在尽力阻挠。这时，几句简单的口号是不够用了，空洞的社会理想也和实际格格不相入。但是除此以外，农民们实在拿不出别的来，只好抄袭专制统治者的若干成规，加以一些改变，糅合到自己的生活斗争口号和社会理想上去。这样，自然在政治上站不稳的。太平天国算是做得最有成绩的，但是在他的制度规章中也保留着不少专制统治者的坏遗产。

城市对于质朴的农民在物质生活和精神生活上所起的腐烂作用也是不容忽视的。封建统治者积累了四方农村中来的贡赋，造成了奢靡豪华的城市生活。农民们从贫穷的农村中一闯进城市，不免目眩神迷。他们感到自己是支配这一切的主人，就很容易发生志得意满、尽情享受的情绪。所以农民战争停留在农村中，虽常能保持内部的纪律，但是一到了城市，组织松懈、意志涣散的弱点就发展起来，暴露在他们的行动中了。农民中的领袖们也难免受到影响，太平天国就是最显著的例子。洪秀全的确是从苦斗中成功的人，但在南京城中，其行为竟然渐渐地重蹈以前历代亡国统治者的覆辙：不能任贤使能，专一引用戚属；妄信天命，以为天必佑我，对敌人来攻毫不戒备。前后竟像是两个人，也正是在城市中享受权力的结果。他的相信天意，倒不只是由于迷信，而是顺利的成功养成了自骄自满的缘故。

加上城市带了一批流浪汉到农民队伍中来.又加上有些没骨头的官僚，专一趋炎附势的士大夫，一看见农民得了大权，也双膝跪下，表示拥戴，他们其实是阴谋利用农民战争来图自己的利益。这些分子的加入，更加速了农民队伍内部的瓦解溃散。

而且在军事上，农民一取得了中心城市，便要为保卫某一城、某一地区而作战，不能像过去那样无顾忌地采用灵活运动的战略。于是渐渐地转成了被动的地位，不能不被迫在劣势条件下应战了。尤其到了危急之时，舍不得丢开既得的城市，更成了致命伤。太平天国灭亡以前，李秀成已看出军事上的危机，主张主力退出南京，另谋发展，但洪秀全不听，结果南京失陷，太平天国也就亡了。

农村虽然是封建社会的基础，但城市还是统治者的巢穴。“不入虎穴，焉得虎子？”不到城市中去，农民战争得不到决定性的胜利。但城市对于农民却像是《西游记》中陷害好人的妖山魔洞一样。所以在农民战争中，常有对于城市彻底进行破坏的。像和李自成同时起义的张献忠，在四川就这样做过，遇见城市，杀光烧光。这是乡村对于城市的报复，也是因为农民害怕城市：自己既无法管理城市，也阻止不了城市对自己的坏影响。这多半是在农民战争已近于失败时的泄愤行为。把城市破坏了，老是在各处乡村中流动，也终不免于力量涣散而失败。

饥饿的农民从农村中起来，遇到城市而失败，这在中国封建时代，几乎成了农民战争中的一条规律。城市平时寄生在农村上面，吮吸着农民的血髓，而在农民起义以后，又偷偷地腐烂了他们的战斗的灵魂！

四、农民战争的意义

就这样，农民起来了，又倒下去了。大地在一度激烈的撼动之后又归于寂静。在这大地上重建起一个新的封建专制主义的殿堂。从农民战争的失败中得到好处的还是地主统治者。

汉朝的政权，无论是前汉的刘邦（汉高祖），后汉的刘秀（光武帝），都是偷了农民战争的果实而得到的。刘邦起先利用农民反秦的力量，但本身所代表的却是地主的利益，刘秀则是一开始就和农民对立的。明太祖朱元璋之得天下，又是另一种情形。朱元璋本是贫农出身，还做过小和尚，流亡各地，参加了当时反对元朝的农民“红军”。他从“红军”中的一个小兵，渐渐爬上去，有了独当一面的权力，但还没有立刻脱离“红军”的系统，所以起先地主士大夫都不愿和他合作。后来朱元璋竭力拉拢地主士大夫，他们也就团结到他的周围，使他的政策和做法发生变动，使他从一个农民的领袖变成了地主的皇帝。最后朱元璋果然成功了，但成功的已不是农民而是地主。反元的农民“红军”，有的已被元朝消灭，有的则被朱元璋吞灭。

太平天国的结果表现为另一种情形。有些史书上说：因为清朝依靠汉臣新编军队而打败了太平天国，所以事平以后，清朝不得不重用汉臣，实际政权渐归汉人。这说法虽似乎是根据事实而发，但事实的真相却是一部分汉族地主，本来还受清朝政府的歧视，但这回出死力帮了大忙，所以就能较多地分享到一部分政权。农民的血肉成为这批地主获得较高权力的垫脚石。

这种种情形虽然各个不同，但都是地主从农民战争中收取了利益。农民自己得到什么呢？他们在起义的烽火高炽的时候，固然得到了他们所要得到的一切，但到了失败的时候，就不得不用更多的血来偿付了。

封建时代的战争本是十分惨酷的，对于叛乱农民杀戮之惨，更不待说。千万农民是在快到饿死的时候才叛乱起来的，也只有到千万农民的尸骸躺在血泊中的时候，叛乱才会平息。死了的死了，活着的又被迫着在新的统治者下面，照老样地生活下去，继续忍受着沉重的封建剥削，过半饥半饱的日子，在失望中期待，酝酿着下一次的叛乱。

那么，由此看来，农民战争只是无目的的破坏和旧秩序的回归的循环过程么？——那也不然，封建时代的农民战争虽然总是逃不了悲剧的命运，但不是毫无意义的悲剧。

长期的封建时代并不是自始至终、一成不变的，其间也有一步步的进展。每一个专制朝代，在基本性质上虽然相同，但又各有着他自己的制度、政策、法令，靠这些来管理社会，也造成一个短期间的繁荣景象。但客观形势向前发展，使既有的政策、制度、法令，发生破绽、流弊，以致完全不能适应，而专制统治者仍旧仗着他顽强的统治力固守着旧有的一套。这时候，社会的进展就走到了绝路。农民战争的起来就是在这样的时候。虽然农民是抱着他们自己的空洞的理想而起来的，但客观地看去，他们的行动的作用是扫荡了腐败的旧政权，也就使封建社会的继续前进成为可能。没有农民战争，我们就难以想象封建社会何以能在这长期中一步步不断前进。有人拿历次大规模的农民战争当作封建时代中分期的界线，也并不是没有理由的。

农民战争大规模地反复发生，又正是尖锐地表明了在封建社会中的基本问题是农民问题，而专制统治者绝对解决不了这问题。既解决不了这问题，就不能保持社会秩序的安定。另一方面，农民虽拿起武器，作生死的斗争，但也不可能解决自己的问题，无法违抗失败的命运。然而在这一次接一次的斗争中，毕竟是把封建社会推向前去，把这问题提出得更加尖锐，也就促使解决这问题的时机一天天更加接近了。

尤其在对异族统治的反抗中，更显出了农民战争的重大意义。蒙古人一百年的统治，满洲人三百年的统治，对于中国社会、中国文化的进步都起了阻滞和破坏的作用。当时的农民受到了最大的灾难，而也只有农民敢于起来做反抗的先锋。这两代农民战争都曾把反对异族统治、恢复中华，提出来作为鲜明的政纲，结果他们也的确是成功了。假如没有千万农民奋不顾身地起来，那在异族主宰下的漫漫黑夜还不知要长到多久！

拿封建时代的最后一次最大规模的农民战争——太平天国来看，最可看出农民战争在历史上的重要意义了。因为太平天国是一面总结了封建时代的农民战争，一面又下启了近代民族民主的革命斗争。

假如从来的人都把农民战争看做是毫无意义的草寇，那么孙中山先生就是第一个打破这传统看法的人。他看出，历史上农民的“造反”正是对于专制政体的反抗行为，对于太平天国的革命意义他尤其再三强调。在中山先生早年所撰《太平天国战史序》中非常惋惜太平天国的失败，指出在满清统治下“士大夫又久处异族笼络压抑之下，习与相忘，廉耻道丧，莫此为甚！”所以只有农民孤独地起来发动革命，不得不失败。在民国十二年的一次演讲中，中山先生也说：“洪秀全自广西金田村起义，打过湖北、江西、安徽，建都南京，本来可以成功的，因为后来曾国藩、左宗棠、李鸿章那一班人出来破坏，所以失败……如果汉人不反对，太平天国的革命便老早成功了。”他把“辛亥革命”看做是继承了太平天国未完成的任务。中山先生一方面批评了太平天国不能实行民主，还是称帝称王，以致闹成内讧，“洪秀全当时革命，尚不知有民权主义”（民权主义第一讲）；而另一方面，中山先生又十分推崇太平天国当时所执行的经济政策，他说：“洪秀全在广西起义之后，打十几年仗，无形中便行了一种制度。”他以为这种制度是接近于共产主义的（见中山先生十二年十二月二日欢宴各将领演说）。

中山先生是中国现代的民族民主革命的第一个领导者，所以他就能对于历史上的农民战争，作了公正的评价。自然，中山先生所领导的革命已是远超过农民战争的范畴，也只有在现代的民族民主革命中，才能真正解决农民问题，不会重蹈农民战争的历史覆辙。中山先生既能看出农民战争的意义，所以他也就看出了要使民族民主革命得到胜利，必须把农民动员组织起来，而要通过革命的过程建立新中国，就必须认真解决农民问题，解决土地问题，使农民有耕种的土地，提高农民的生活水平。表面上显得似乎是凝滞不动的广大农村中，有着无限的力量，一旦撼动起来，就能创造出一切奇迹。能够看出这一点，正是中山先生的伟大处。

七　不安静的北方边塞

敕勒川，阴山下，天似穹庐，笼盖四野。

天苍苍，野茫茫，风吹草低见牛羊。

这首歌是南北朝时的鲜卑人斛律金所作，写得真切极了，使人读过之后，一闭上眼睛，就好像看见了一大片无边无际的塞外莽原，并且想象到生活在这大莽原上的游牧人民的姿态（请看一看地图，阴山在现在绥远省境内，就在河套以北）。

远在两千多年前，中国人就已经在北方边疆上筑成了“万里长城”，好像是一道人工的栅栏，把布满着农村和城市的中国本部和栅栏外的大莽原分隔了开来。这片大莽原就是历史上所说的“塞外”，包括现在所说的东北、内外蒙古、宁夏、新疆等区域在内。在这中间，虽然也有崇山峻岭和大沙漠，但整个地看起来，处处都还是大片的莽原，正如上引那首歌中所说，是游牧人民生存活动的环境。

但上引那首歌只使我们看到塞外的和平景象，而事实上，在这大莽原的历史上，是常常响着兵戈铁马的声音的。许多由游牧人民组成的部族或国家在这塞外的莽原上互相并吞、驱逐，又常常和“万里长城”里边的中国敌对着。有时中国的统治者冲出了长城，凭武力做了塞外莽原的征服者，有时塞外的某一个强大的部族或国家闯进了长城，“南下牧马”，做了中国内地的一部分地区或全部地区的统治者。这些都是在中国历史发展上很重大的事件。要讲历史上对外族的关系，主要的也就是讲在这一条横亘北方边疆线上所发生的种种事件。虽然和那遥远的西方的中亚细亚以至欧洲，和那东方南方海上的日本、南洋，和那西南方的安南、缅甸，在历史上也都发生过交战征服、通商贸易或文化交流等等关系，但这些都不在本文内谈到了。

一、塞外各族的兴替

“万里长城”是在战国时北方的燕赵秦诸国分别修建的。秦统一后才把它连接起来，成为一道从东北海滨直到河西（黄河河套的西边）绵延六千里长的保卫线（以后在南北朝、隋唐明各代又加以重修）。从秦以后的两千年中，根据塞外各族兴替的情形及其与中国的关系上看，可以分做三个时期。第一时期是由秦汉到“五胡乱华”时，共约六百年（纪元前第2世纪到纪元后4世纪）。第二时期是由南北朝到唐末，共约五百年（5~9世纪）。第三时期是五代以后，除了最后清朝统治全中国的三百年以外，共约七百年（10~17世纪初年）。

在那第一时期的六百年中，匈奴和鲜卑两族是在塞外活动并和中国发生冲突的主要力量。

匈奴在人种上，属于蒙古种。它在战国时已开始强盛起来，秦始皇修建长城就是为了防御匈奴。秦始皇又遣大将蒙恬出塞，把匈奴从河套内赶了出去。匈奴便向东发展，到了辽河流域，征服了那里的许多部族。——这些被征服的部族在当时被总称为“东胡”。——后来，在秦汉之际中国国内混乱的时候，匈奴又乘机沿边塞各地向内侵蚀。这时，匈奴里面有一个有名的领袖（“单于”）名叫冒顿，他部下的战士据说有三十万人。他曾经把汉高祖刘邦所率领的军队包围在白登（在现在的山西大同附近），刘邦几乎逃走不了。汉初数十年间，对匈奴只能采取委曲求和的政策，直到汉武帝时，才用强硬的武力对付匈奴。从此以后，在汉与匈奴间，二百多年中发生过很多次的战争。每次战争都使双方受到极大损失，最后的结果是匈奴失败。匈奴人中有一部分往北远遁，渐渐地转移到了欧洲去；又一部分降服了汉朝，被招到塞内，住在山西、陕西的北部。这部分匈奴人后来在晋代的“五胡乱华”中是重要的角色。灭掉东晋的便是匈奴人刘渊所建立的汉国。

鲜卑人在“五胡乱华”中的作用与影响是更巨大的。鲜卑原来是东胡人，在人种上属于通古斯种。（也有学者认为鲜卑和匈奴同样是蒙古种，或者是蒙古种而又杂有通古斯种血统的。）东胡中有很多部族，如和汉朝发生过冲突的乌桓人也是东胡中的一部分，但乌桓到了东汉时已都迁居塞内，对中国历史没有什么独立的影响。在匈奴征服东胡人时，东胡中有一部分迁居到外蒙古和西伯利亚一带，那便是鲜卑人。东汉时，匈奴在塞外力量衰退，鲜卑人便南下占据了匈奴旧地。东汉晚年，鲜卑人中出了一个有名的领袖檀石槐，在他统治下建立了庞大的帝国，不断地侵略河北、山西、陕西、甘肃各地。这大帝国虽然不久就涣散，但鲜卑人在塞外从东到西已到处散布着了。他在文化上也发展得比其他各族较高。魏晋时，鲜卑人的慕容氏已在辽河流域建立了强盛的燕国，在“五胡乱华”中大举侵入中原，打败了匈奴的力量，是当时最活跃的一个外族。最后把五胡十六国的混乱局面结束，统一了北中国的也是鲜卑的拓跋氏的魏国。

除了匈奴、鲜卑以外，“五胡”中的其他三个角色是羯、氐、羌。氐、羌二族都属于图伯特种（即后来的藏族）。他们经过西北各地进入内地。东汉曾用了很大力量镇压入居甘肃、陕西一带的羌人。在“五胡乱华”中，氐人的苻氏建立了有名的秦国，一度统一北中国。领了八十万大军侵略西晋，但在淝水之战中，一败涂地的就是秦国国王苻坚。羌人的姚氏建立的国家也称秦国，史称后秦，以别于苻氏的前秦。但氐人、羌人在中国历史上的作用和影响究竟还不及鲜卑和匈奴。至于羯人，只是从属于匈奴而起的一个力量。

经过“五胡乱华”后，原来在塞外的许多部族都纷纷进入中国内地。南北朝的二百年中，在鲜卑人所统治的北中国，便成了一个各族人融合同化的大洪炉。外来的各族在文化上（语言、文字、风俗、习惯各方面）和在血统上渐渐地和中国内地人民混成一片。但是在塞外被遗留下来的土地又有新的游牧人民前来填充了。我们所说的第二个时期（南北朝、隋唐的五百多年间），就是以突厥种人在塞外兴起为特征的。

南北朝时，起先有柔然（又称蠕蠕人）在蒙古、新疆一带建国称雄，同时契丹人和奚人则占据了东北的辽河上游。这几族都是蒙古种或通古斯种人，不久他们的领土都为新来的突厥人所侵占了。

突厥原来是住在中央亚细亚一带的，他们中有一部分渐渐顺着阿尔泰山脉向东南而来。现在的土耳其人是属于突厥种的，中国西北的回族也属于突厥种。突厥人种出现在中国历史上并不始于南北朝时，汉代有丁零人，“五胡乱华”中有羯人，都是突厥种的部族。但到了南北朝的后期，突厥人灭了柔然，才成为一个突厥大帝国而雄踞塞外。这时在北中国的魏国已分裂为齐、周两国，它们都迫于突厥的威势，不得不向它贡献财物，求它不侵扰。所以突厥的他钵可汗吹牛说：“我在南方有两个孝顺儿子，还怕什么？”但是他钵可汗死后，突厥国内就四分五裂了，到了中国的隋代时，突厥成了东西两大帝国，所辖领土东边起于兴安岭，西边包括中亚细亚和印度，蒙古、新疆全在他的势力范围内，所以还是隋代和唐代的主要边患。唐朝为对付突厥人，花了很大军力，也用了很多计谋，到唐中叶以后，突厥势力才衰落下来。但突厥以后，又有还是属于突厥种的回纥人（又改称回鹘）兴起。回纥建国最盛时占据了内外蒙古，给那已经中衰了的唐政权很大的威胁。

突厥人的各族虽没有到中国内地来做统治者，但他们常时兴兵侵扰内地。唐朝全盛时虽曾以武力控制塞外的广大地区，但在中衰后，却不能不连首都都听任异族的铁骑来践踏。曾经一度占据长安的，除了回纥以外，还有在西面、住在西藏高原的吐蕃人。吐蕃是汉时羌人的后裔，也是唐代主要边患之一。

到了唐朝晚年，大量的突厥人入居内地，也渐渐在文化上和血统上混入中国人之中。唐朝灭亡了，而塞外的突厥人的势力也渐渐消散，于是又有些新的种族代兴了。这就到了我们所说的第三个时期。

首先是契丹人，他们住在辽东已很久，属于蒙古种。唐时，在辽东本有通古斯种的靺鞨人建立了一个渤海国，前后二百年之久，但和唐朝没有发生什么大关系。在唐朝亡了之后，渤海国也为契丹所亡。契丹建国称辽，乘乱侵入中国塞内，从石敬瑭手里平白得到了燕云十六州（包括现在的河北、山西省北部），五代时石敬瑭以下的好几个小皇帝都向辽国主耶律德光称臣称子。宋朝统一中国，但并不能收回北方失地，且继续受辽国侵凌。

到了12世纪初，契丹人背后兴起了女真人。女真人是靺鞨人的后裔，他们推翻辽国，在辽国原有的塞内外土地上，建立金帝国，并且兴兵南下，把宋政权赶到长江流域，统治整个北中国达一百多年之久。但这时，在女真人背后，又有蒙古人兴起了。蒙古人在短短的时间内，灭金灭宋，统治整个中国也达一百年之久。这是中国历史上第一次全部领土被一个落后的部族所统治。

元政权覆灭后，蒙古人在塞外仍保有残余的力量，改号鞑靼，成为明代的重大边患。其时又有属于蒙古人种而混有突厥血统的瓦剌人（一作卫拉特人）在西北兴起。瓦剌人的酋长也先、鞑靼的酋长俺答都曾侵入京畿，大肆骚扰。但这时在东北的女真人的后裔又兴起了。17世纪初叶，在女真人中的建州部族酋长努尔哈赤的领导下建国，他们自称为满洲人，国号初称为金，后改为清。不久后即成为一强大武力，乘明末中国国内混乱的时候，进兵关内，于是中国的全部国土又一次被一个落后部族所统治。

对于这第三时期，这里只能作这样的一个速写。由此可见，中国的大部或全部土地为入侵的落后部族所统治正是这个时期的特色，清朝统治中国达三百年之久，它用各种惨酷而巧妙的方法控制着中国内地，同样控制着塞外各族，并竭力使塞外和内地分隔开来。这时候，塞外各族和内地人民是同样受着一个部族力量的专制压迫，而最后更有一种新的外来力量从海洋上跑来敲打中国的门户了。所以经过了有清一代，万里长城在过去历史上的那种意义已经渐渐消失。在过去历史上的中国和塞外各族的相互关系那样的问题也不再存在了。当清朝政权——中国国内各民族的牢狱——被推翻后，中山先生提出了国内各民族一律平等的主张，这是中国历史上的破天荒的一个号召，实现这个号召是给历史上的老问题以最后的结束。

根据在新的时代中的新的要求，重新检阅一下两千年来历史上的事实，从那里面是可以得到些有用的经验和教训的。

二、侵略和被侵略

为什么在北方塞外活动的各族经常和中国发生冲突，引起战事，乃至侵入中国呢？

人们常用天时地利的原因来解释。南方的气候比较暖和，土地也较丰裕，所以住在北方的人要渐渐地向南移动，这似乎是一种自然的趋势。据说，在1~5世纪间，就是在东汉初年到南北朝间，在整个欧亚大陆的北半部发生了严重的气候变化，以至引起了原住在那里的各部族纷纷南迁。所以在这期间，在欧洲有日耳曼各族的迁徙，使罗马帝国大受骚扰；而在中国，便发生了鲜卑与突厥人的渐次南下。——这些天时地利的因素固然都是有影响的，但还不能说是最基本的、最重要的原因。

中国和塞外各族之所以经常对立冲突的主要原因，还该从双方的社会政治情况中去探求。

中国的内地虽然有广大的疆域，但是当一个统一的专制政权在国内已取得巩固地位时，它的向外发展的要求也就强烈起来了。向外发展的目的，不外乎是想用“四夷宾服”来提高专制统治政权的威信，并取得远方的贡物来增加“天朝”的财富；同时也是想使“天下英雄”都把目光对外，减少专制政权的危机，尤其因为在建立统一政权的国内战争过程中，已产生了大量的职业军队，既无法复员，就只好用来不断地对外战争，以避免这些军队久驻国内可能引起的祸害。封建专制主义的向外发展和近代帝国主义的向外发展，在性质上当然有很大的差别，但其为侵略行为却又是同样的。

但是在和塞外各族的相互关系上，中国并不老是在侵略者的地位，也常常是被侵略者。当塞外的莽原上出现了足以威胁中国的某一族的强大力量的时候，如何守住那东西绵亘六千里长的边塞，抵抗外族的侵入，或越出边疆，控制塞外莽原以防止外族的侵入，那就更是专制统治政权的生死问题了，因为一旦外族的铁骑踏进塞内，中国人民固然会成为铁骑下的牺牲者，而统治者也一定身蒙其害。有时统治者为了某种利害的打算，自动招引了外族侵略武力入内，由此而造成的恶果，那是统治者自己也还是不能不分尝到的。

再就塞外的各族看，他们在文化上固然都比中国落后得多，但那些有力量和中国敌对、并大举侵入中国的各族，却已并不是最落后的、过着原始社会生活的野蛮人。当一个部族还过着原始社会生活的时候，那就是说，他们还只是在很小的群体中活动，还没有国家组织，也没有金属的劳动工具和武器，生产力和战斗力都很低弱。在这种生活情况之下，塞外莽原的自然条件是已经可以满足他们的了，他们也不能够集聚起强大力量，来和中国敌对。只有那些正在超越过或已经远超过原始社会生活的部族，才能够作为侵略者而站在中国边疆上。

比如在西汉时，在冒顿单于领导下的匈奴社会中，青铜器已经非常发达。虽然仍残存着原始社会中的氏族组织，但是已经有了从事生产的奴隶，有了世袭的贵族统治者了，所以也就有了国家的机构。据西汉时的史料，匈奴国中在最高的单于以下，设左右贤王、左右谷蠡、左右大将等官名。这些官都是世袭的，各自辖有一部分土地，各自拥有一部分军力，每年一月、五月和秋天，各地首长都要集合一次。这种国家机构虽然还很落后，但已显然不是最原始的社会组织了（恐怕和殷与西周的情形很相近）。又如鲜卑，在东汉初年刚和中国接触的时候，还是女系中心的氏族社会组织，部落中有酋长，那是由部落人民选举出来的，各部落间并没有形成统一的最高的政治组织。上文提到过的在东汉末年的檀石槐，恐怕是在鲜卑族中第一个建立国家的领袖，这也就是说，在檀石槐时，鲜卑社会中经历了一个大的变革，从原始的民族社会组织进入了奴隶社会的国家组织了。也就从檀石槐时起，鲜卑在塞外成为侵略并吞别的部族的强大力量，并且渐渐侵入中国的塞内了。以后各朝代所遇见的外敌，也都是这样的情形。南北朝时开始遇见的突厥，在文化发展上还比匈奴高一点，已有文字。最高的君主叫做“可汗”，以下设有二十八等的官，都是世袭职。再如契丹，据史书上说，在隋时和唐初，契丹族中是分为互不统辖的八部、十部或二十部，每一部有一个选举出来的“大人”，发生了关于全族的事情时，就由八部“大人”会议。唐末时，其中有一个部的“大人”叫做耶律阿保机的，率部定居在汉城（今热河围场县西南），设计杀死了其他各部大人，从此他就做了契丹的最高君长，死后即由他的儿子耶律德光继位，不再行选举的制度了。——这个故事正是氏族社会消灭、国家产生的过程的反映。契丹的侵入塞内就是从耶律阿保机开始的。从女真（金）、蒙古（元）、满洲（清）的古史的传说中，也都可以找到类似的情形。

这些从事游牧、过着原始社会生活的部族，一旦开始抛弃了原来的生活方式和社会组织，就不能再安于在莽原上过比较平静的生活了。在这些部族社会内部发生分化而形成的上层统治分子，尤其积极地企图在对外战争中捕捉大量的俘虏做奴隶，企图获得更富饶的地方以扩展其财富。在原始氏族社会中固然也有战争，但他们的武力却异常薄弱，绝对对抗不了中国。到了成为具有统一组织的国家以后，他们便有可能组成较大的军力，在野心勃勃的君长率领之下，来敲打中国边塞的大门了。又因为他们接近了这高度发展的中国封建社会，不能不受到强烈影响，往往很快地通过奴隶社会的阶段，而进入初期的封建社会，这就更加强了他们的侵略和统治的野心。

由以上所述，可以看到，一方面，在中国，是带有向外扩展统治权的要求的封建专制主义政权；另一方面，在塞外，是新兴的部族国家，对于中国的土地和财富也有着侵占的野心——这样，当然使北方的边疆经常处于不安定的状态中了。

所以对这问题，有两种看法是应该纠正的。一种看法是用“大汉族主义”的观点来看历史上的和外族的关系，把一切对落后部族的侵略性的行为和带有压制性的政策，都看做是合理的。另一种看法是否认历史上的外族统治的事实，认为辽金元清的统治不过是表示契丹、女真、蒙古、满洲各族来“同化”于中国，形成这一个多民族的国家。这两种看法虽是相反的，但常有人并持这二说。在那些旧的封建专制主义的历史家看来，前一说自然是对的，而为元清统治者所御用的历史家尤其会同情后一说。但在现在，根据了孙中山先生的民族主义的思想，我们不能不采取另外的看法。

历代的专制政府常采取不正义的方法对待周围的落后部族，加以欺凌压制，以致往往因此而引起他们的反抗，弄到不可收拾的地步，那是不必讳言的史实。忠实地研究这一部分的史实，对于新的民族政策的推行是极有好处的事。至于外族侵入中国后，常发生民族间“同化”的现象，固然是不必否认的史实，但是我们必须看出，这些侵入者不止是损害了、推翻了一个旧的专制政府，而且使当时的中国人民成为外族的奴隶，陷到百倍千倍的苦难之中。无论哪一代外族的统治都是用千百万人民的血所凝成的啊！纵然这些侵入的外族最后是“同化”了，但是他们的统治对于中国社会文化的发展所起的巨大的阻滞和破坏的作用，却是不能否认的。到了现在，我们应该和蒙古及其他各族人都亲如手足，但并不须因此而抹杀历史事实。

以下我们就从中国专制统治者的民族政策和外族的侵略统治这两方面来做进一步的讨论。

三、羁縻控制的失败

每当发生了外族侵略的事情时，在中国方面进行反抗侵略或防止侵略的战争，自然是应该的。但是并不能把在历史上所发生的对外族的战争都不加分别地一律给以歌颂，因为也有许多战争并不是为了反抗侵略或防止侵略，反而是带有侵略的意义的。

举一个最显著的例子，像在隋代的远征高丽的几次战争就决不能说是合理的战争。隋时北方边疆外最强的力量是突厥人。虽然隋用分化离间的计谋削弱了突厥，但突厥仍是当时的主要边患。至于远在东北的高丽，在当时和中国的关系实在很少，但隋文帝和炀帝却先后发动了三次大战争，劳师远征。其中最大的一次是在隋炀帝的大业八年（纪元后612年），他一下子动员了全国军队达一百一十三万三千八百人之多，集中一地，同时出发。军容之盛是在中国史上前所未有的。但是结果却大败而回。其先锋渡过辽河入高丽境内的有三十万五千人，退回来的只剩了二千七百人，使三十万人民都葬身在异域。然而炀帝还不知悔悟，后一年又发动战争，结果虽逼得高丽请降，但是隋代的国计民生也由这战争而遭受极度的扰乱。当炀帝还统率大军在外远征时，国内的变乱已经开始发生了。

像这样的战争不能不说是极不正义的战争。判断历史上的战争的是否正义，本来可以有一个极简单不过的标准，就是看这战争的胜利是否有利于人民。在战争中当然一定有牺牲，但在正义的战争中，人民的牺牲必能换得某种较大的利益，或至少消除了某种更大的灾害。像我们正在进行的抗日战争，当然是一个正义的战争，因为抗战的胜利不仅使我们不致沦为奴隶，而且更带来了自由幸福的前途。但像隋炀帝的那种战争却是一点也不包含这种内容的。在汉代、唐代的极盛时期，对外战争频繁，其中也有多次是属于这一类的。当时的人和后来的历史家已有对那些君主加以好大喜功、穷兵黩武的批评的了。像在汉武帝时曾遣李广利率兵十万远征西域（今新疆），回来时只剩了一万人，所得的只是大宛的良马三千匹，这对于国计民生自然是不但无利而且有害的。

这几乎成了一个规律。在封建专制统治下，社会经济稍稍繁荣、国力稍稍丰裕的时候，君主就要企图用对外战争来扩充其威权。于是人民和国家的最大部分的财力都用在战争上，战争纵有所获，但国贫民弱的现象也就跟着产生。所以，纵使是汉代、唐代，其国势向外伸张的时期都维持不长久。一转身间，战争加在国内政治社会生活上的恶果便已出现，而在战争中积下了仇恨、培养了力量的外族也就乘机企图报复了。

这是讲战争。在战争以外的平时，专制统治者对这些塞外的外族又采取什么政策呢？在汉代有这样两种最主要的办法。第一是所谓“和亲”。如汉高祖刘邦在白登打了败仗后，以宗室女公主嫁给匈奴的单于冒顿。并且每年送匈奴一定数额的絮缯酒米食物。但以后，汉代和别的朝代，纵使在没有经过战争时，也采取这办法来对付边疆外族。该是王昭君出塞的故事的背景。在唐代，也嫁过很多公主到回纥、吐蕃和东北的奚、契丹各族去。也有单纯送财帛来买得塞上的平安的，如东汉时曾每年送钱二亿七千万给鲜卑。

汉代还行了一种办法是招致内徙。西汉宣帝时，匈奴中因为内部发生分裂冲突，有一部分由呼韩邪单于率领求诚，就准许他们入塞内居住。这是正式实行招致内徙政策的开始。以后这办法常常使用。如在东汉光武帝时进攻东北的乌桓人不胜，便给以财物，要求他们搬到塞内来。因为两汉、三国时继续实行这政策，到了西晋时，沿着北方六千里长的边塞内的许多地方——包括幽并凉雍秦各州（大致为现在的河北北部、山西、甘肃、陕西），都成了各种外族聚居之所了。这种政策的作用本有两方面，一方面是改变外族的生活习惯，使他们和内地人民杂居，不致再在边塞捣乱。另一方面是想利用这些入迁的人的武力以抵抗塞外的外族。唐代也听任回纥、突厥及别族人入居，当时边地的军队中杂有很多的外族人。

这两种办法都属于所谓的“羁縻”政策。我们应该看出：封建统治者之行羁縻政策，决不是站在民族间和爱亲善的立场上，以自己的较高的文化来扶持这些落后民族的文化进步。这种政策在施行中的实际情形是：一方面用官爵财帛子女来笼络异族中的上层分子；一方面则通过边疆地方上的文武官吏之手，对于异族中的下层人民，利用其在知能上的落后，加以欺凌剥削。很显然的，这种政策是不能得到好结果的。既增长了外族中的上层分子对于权势财富的贪欲，又增长了外族中的一般人民的愤恨，而这种愤恨便成为那些上层分子所得以利用的武器了。所以从这种羁縻政策中，常常引起更大的变乱。

晋代的五胡之乱可说完全是由此而起的。首先兴兵作乱，灭西晋自建赵国的匈奴人刘渊、刘聪，据说是西汉时的冒顿单于的后人，但到他们时已数世住在塞内；虽仍是本部族中的酋长，但他们已受晋朝的封爵，和官僚士大夫相交往，所以也就学会了利用晋朝王室内乱（八王之乱）的机会而“兴兵作乱”。他们向本族人号召的口号却是“晋为无道，奴隶御我”，这话是很能打动匈奴和别族人民起事的。像在“五胡之乱”中的另一个首脑（也建国称帝）的羯族人石勒，自己就曾被卖为奴。那时晋朝有个军阀，把胡人捉去贩卖，充做军费，出卖时每两个胡人用一个枷锁住。即此一例，可见当时塞内一般胡人所受的不公平的待遇了。

在这种基本政策下，利用外族人当兵，尤其是危险的事。汉武帝时，国家的常备军中就有多数的所谓“属国兵”（即以匈奴、羌等各族降人组成的军队）。以后在军制日益败坏的情形下，属国兵的地位渐渐更加重要。到了东汉时，在几次对匈奴的战事中，军队中的主要力量都是外族兵。西北的羌人在东汉时曾有几次大叛乱，其中有一次（107年），就是因为他们拒绝汉当局要他们出征西域的命令而起的。东汉末、三国和西晋时，中国内乱纷起，各地军阀割据势力更多雇用外族兵，像曹操手下就有乌桓的骑兵，号称当时最利害的一支骑兵。唐时边疆上守卫的将领和兵士也以外族人占多数。

既没有好的民族政策，而又给这些入居的外族人以武装的机会，这自然是极易于闯大祸的。封建统治者因为组成和补充他的军队的困难，不得不饮鸩止渴。但这还是雇佣性的外族兵。有时统治者为了要平定内乱，还请求外族国家派兵来中国帮助，明末的吴三桂和五代时的石敬瑭固然是干这样的事的最有名的人，此外如唐代晚年，在发生了地方军阀叛乱或人民起义、政府无力应付之时，几次由皇帝出面请回纥或吐蕃派兵进来帮忙。——这种情形正是一个封建统治政权崩溃没落时的表现。

唐代以后一千年中，大半是受外族侵凌甚至统治的时候，最后是满洲人入关。固然我们至今仍痛恨清朝的侵略与统治，但是我们也必须看出，明代对于女真人（满洲人）的待遇是异常不公道的。起初女真人是完全臣服于明政权的，但处处受到关外的明官的欺凌压迫。他们见明官时必须三步一叩首，在交易互市中明吃许多亏，忍受额外税银和贿赂的勒索。而且明官还倚势强抢他们的主要出产——人参，杀死他们的部落领袖。因此后来努尔哈赤兴师反明时，用“七大恨”的名义做号召。这也是不正义的政策招致恶果的一个例子。

在清朝的三百年统治中，对于边疆各族的政策是怎样的呢？对于蒙古人，他是完全加以军事上的编制和控制，利用他们的武力，但禁绝他们求知的机会以阻塞其文化进步。对于西藏人，他是利用喇嘛教来施行麻醉。对于新疆，则又利用那里的宗教和种族的复杂情形，实行挑拨分化，从而借端出兵，加以屠杀。清朝政府对于蒙古、西藏、青海以及南方的缅甸、安南，内地的苗疆都曾发动过压迫战争，在惨酷的屠杀中得到“胜利”。由封建统治者的立场来说，清朝在对待边疆外族的政策上可算最巧妙，成功也最大，但在实际上，他的这些政策只是造成各族人民之间生活上的分隔和情绪上的对立，加强了各族在政治社会文化上的落后，以致给了后来新的侵略势力——资本帝国主义力量——以觊觎中国边疆的机会。这方法也正是清朝统治造成的重大恶果之一。孙中山先生在三民主义中所规定的民族平等的政策，正是直接有鉴于清朝的反动民族政策而提出的。

四、民族的苦难

在这种反动的民族政策下面，那些已经归属到中原的各族人民，常常因为忍受不了种种不公平的待遇，爆发起了报复性的叛乱。在清朝的统治下面，这类事件是很多的。这种叛乱实质上是专制统治激发起来的人民起义。把这类事件和那以有组织的武力，闯入内地，实行劫掠屠杀，建立种族统治的战争分别开来，是非常必要的。拿远一点的历史说，像东汉时的羌人的变乱，和西汉时的匈奴的入侵是并不能看做同一类的。因为羌人本已住在西北边疆以内，东汉时的人也已承认地方上的官吏和豪强对于羌人侵夺压迫，横征暴敛，至于极点，再加上苛重的徭役，这才逼得羌人铤而走险。当他们起事时，大多并没有武器，只能拿树枝竹竿代替戈矛，用木板铜镜当做盾，来抵抗汉政府连年不断的进剿军队。所以西汉时的匈奴确是和汉势成敌国，带有侵略者的性质，但东汉时的羌乱却是更多带着被压迫人民的反抗的意义的。

在当时的历史条件下面，像羌人这样的起义者当然不会明白他们所反对的其实是专制统治者，而并不是同样在这统治下面的汉族人民。在实际进行中，这种少数民族的人民叛乱变成了一般地以汉族人为敌，那也正是必然形成的历史悲剧。当时的汉族人民中自然也不会有人识破这种悲剧的根源而努力加以消灭，而且这种种族间的歧视和仇恨又正是专制统治者所竭力加以助长的。

也有虽然是带着被压迫的外族人民的反抗的性质，但是因为在这些种族中已经形成了有权势的上层分子，他们就利用了在人民中的反抗情绪和反抗力量来达到自己的贪欲和野心。这样一来，反抗统治者的意义渐渐消失，唯一突出的性质倒是对于汉族人民的侵略压迫了。满洲的努尔哈赤的起兵是一例，前节中又提到西晋时的“五胡之乱”的情形，也可用来说明这点。像石勒和其他胡人曾被晋人卖为奴隶的事实，是丝毫不足以为石勒后来所建立的赵国统治政权辩护的。在石勒统治下，晋人民的被杀害和奴役的情形是异常可怕的。譬如有一次石勒破青州，打算把居民杀尽，被派了当青州刺史的人不高兴道：“留下我是为了管理人民的，杀完了人民还要我干什么？”便辞职不干，这才留下了男女七百人。石勒更为了害怕晋人反抗，故意加人民以重役，常为起造宫殿城墙而一次征发十多万人来做苦工。这是石勒的赵国统治下的情形，也正是在五胡十六国的一两百年中，在此伏彼起的外族政权下人民受难的一般情况。

固然，在封建社会的时代，内战中对于人民的劫掠杀害也是很平常的事，但是我们不能不说，文化较落后的外族人，在这方面的行为常是表现得格外惨酷。这些外族人倒并不是有着好杀的“天性”。其真正的原因是由于民族间长久的隔阂与仇视，由于本来很困苦的人一旦遇见较好的生活享受时必然引起的贪欲，更由于外族中的统治分子的煽动。并且在过着原始社会生活的各部落间发生战争时，把俘虏尽行杀死被认为是合理的事情。入侵中国的各族虽都已超过原始社会的阶段，但是旧的习惯还残留着，再加上由奴隶社会带来的奴役制度（把被征服者视若奴隶，而有处决其生死之权），就使得他们的行为特别野蛮了。

13世纪时的蒙古人的入侵和17世纪时满洲人的入侵都有过极大规模的屠杀。蒙古初起兵时，还有人主张“汉人对我们没有什么用处，不如把他们都杀净，留下土地来做我们的牧场”。后来虽然没有完全照这主张做，但是在有些区域内，是实行了这种“杀光”政策的。当时的北中国久已在女真族（金）统治下，人民一直过着苦难的日子，等到蒙古兵席卷而来，现在的山东、河北、山西各省一带，数千里间，几无人烟。满洲入关以后，举兵扫荡全国的时候，更是有意识地用屠杀政策来恐吓人民。那些敢于守土抗战的城市，在城破之时，都受到屠城的遭遇。“扬州十日”“嘉定三屠”，是最著名的血腥气的故事。光是扬州一地，在十天屠杀中，就死了八十万人以上。

惨酷的屠杀和对财富的洗劫，自然是并行的。不论是企图久占中国内地或只是突入内地进行抄掠，这些外族侵入者都不会放松那使他们看了眼红的中国财富。他们或者直接动手抢掠，或者间接向中国政府要索。像在唐朝晚年，首都长安为回纥和吐蕃人几次洗劫，虽然他们马上退回去了，但每次劫后，繁华的长安都变成了空城。五代时，契丹（辽）率兵占领当时的首都开封，也是在不久后就退兵了，但开封周围数百里的乡村和契丹所过各州县都被洗劫得干干净净。其屠杀也非常惨酷，如相州（河南安阳）全城只剩下七百多活人和十万具骷髅。再后来，在北宋尚未南迁时，女真人（金）又两次入犯开封。他们就不只是自己动手抢，而且要宋政府代为向民间搜括。他们把宋朝皇帝扣留在军中，勒索巨额的金银财帛。开封城内派出好多官员到民间搜括八天，得到了金三十万八千两、银六百万两、衣缎一百万匹，又大搜十八天，再得到金银衣缎若干，先后都交到金营，还嫌不足，最后金兵北返时，把开封城内宋政府聚敛起来的富藏和民间财货都搬空了。至于其所过各州府更不用说了。

这些都是杀戮洗劫之后随就收兵回去的事例。像回纥、吐蕃之入长安还是唐政府自己召请来的。因为当时长安已为地方军阀所占领，所以唐政府还和回纥约定说：“城破之时，土地人民归唐，子女玉帛归回纥。”但是侵入者往往并不只以子女玉帛为满足，像满洲人，本是被吴三桂邀请来赶跑占领北京的李自成的，却企图把整个中国的土地和人民都收归已有了。——明政府固然由此而覆灭，整个民族更是遭受到深重的苦难：大量的田地被掠夺，多数的人民被奴役。

本来是过着游牧生活的外族人，一到了中国内地做统治者时，总是首先凭着武力把最好的田地圈占下来。从五胡乱华直到清朝，每一个外族统治者无不如此做法。我们只能略述蒙元、清朝两代为例。蒙古统治者圈占了民田后都分赐给他的王公勋臣，称为采地。这些王公勋臣或把采地化为牧场以供游猎，或仍招募农户从事耕种，或为私人的庄田。大的庄田中的农户有多到七八万户的，可见所圈占的土地之广了。清朝时，不仅皇家和王公大臣都有巨大的庄田，而且它的军队（“八旗”）中每一成员都分配以土地。把所谓皇室庄田、宗室庄田和八旗庄田总计起来，大约总在两千万亩左右。这些土地都是从汉人手里侵夺来的。极多的地主变成了贫户，更多数的农民失掉了土地，不得不投身到外族的大地主那里做农奴。

既接触了中国较高的文化，这些侵入者的外族自然不能再维持其原来的社会制度，他们接受了中国的封建剥削关系，更加上一种对生产劳动者（农民）的直接奴役制度。这样就使农民在异族统治者下面的苦头更加深重了。就从一般社会生活上看，在外族统治政权下，种族间的不平等总是十分显著的。统治的异族人享有各种特权，而一切苛重的义务都归汉人负担——全部的租税都加在汉人身上，而统治的异族人则拥有巨量田地而不必纳税。尤其在元代，更明白分出了蒙古人、“色目人”（包括西城各部族人）、“汉人”（黄河流域的中国人）、“南人”（长江流域及其以南的中国人）这四个等级，在政治法律上的待遇和权利义务，都有显著的高下之差。

因此，我们绝不能以为在历史上外族入侵统治也不过是普通的朝代改换的意义。固然，他们是承继了原有的专制统治者的衣钵，但又在这上面染上了种族统治的色彩。我们不能忽视在这种统治下面广大人民的双倍的苦难，也不能忘记这种外族统治对于中国的社会经济、政治、文化的发展历史是都起了消极的阻滞和破坏作用的。

那种大规模的劫掠屠杀和圈占土地的行为对于社会经济的破坏是非常显著的。在外族入侵和统治的时期，农业生产停滞，耕地减缩，生产量减少是必然发生的现象。战争和苛重的赋税对于手工业和商业的破坏也极大。就政治上说，在外族统治下谈不到政治清明。一方面是侵入者因突然获得优越生活而加速腐化，另一方面是中国本族人中有许多奸恶分子卖身投靠，凭借外族势力以求升官发财，结果自然弄到政治情况极端腐败了。官场贪污虽然历代都有，但是在异族统治的朝代（如元、清）特别彰明昭著，也是事实。

至于在文化上，这些外族统治者固然也学会了利用中国固有文化来做他们统治的工具（只有元朝没有学会这一套），但自然只是利用那对他们有利的一部分。对于中国人民中的思想知识的进步是采取仇视态度的。这在清代最为显著。它推崇程朱之学做科举考试学术思想上的标准，公开运用各种严苛手段实行思想文化上的统治。明末以后，学术界中原有一些比较新锐的思潮，竟被斩断。这种阻滞中国文化发展的罪恶也是不应低估的。

近一千年来，充满着种族的统治压迫的血腥气。契丹、女真在北中国先后相继三百年的统治，蒙元和清朝在全部国土上的一百年和三百年的统治，都是加在中国史上的深重创痕。一千年的末后，又继以近百年来的新内容的民族苦难，在不久以前，侵略者还盘踞在我们的一半土地上的。日本法西斯的侵略固然和辽金元清的侵入完全不同，但是它在战区中实行着杀光烧光抢光的“三光政策”，它在沦陷区内大规模地掠夺粮食和一切物产，括削人民的骨髓，最严格地实行民族的压迫和文化的统治。日本法西斯的侵略手段的毒辣残暴实在是比历代的外寇有过之而无不及的啊！

八　当胡骑踏进中原的时候

假如把中国封建社会比喻做一潭死水的话，那么异族的侵入就像突然投入一块大石头；何况这潭水其实原来已经是在暗中波漩浪涌的了，因此投入的大石头就更使得它立刻奔腾咆哮起来。前一篇文章中，已经谈了历代塞外各族活动的情形以及它们和中国之间的关系，现在我们就要讲到当胡骑踏进中原的时候，在中国社会内部引起了些怎样的反响。

我们的讨论只限于这种反响在政治上的情形。说到这方面，自然我们会立刻想起那许多次历史上反对异族侵略者的可歌可泣的斗争，同时也不能不想起那些认敌作父、卖国求荣的大汉奸。让我们先从后一种人讲起。既然他们的子孙——汪精卫、陈公博、周佛海之流在这次的抗战中还继续作祟，那么这种丑恶的历史更是值得我们回头去看一下的了。

一、“儿皇帝”和“贰臣”

在历史上的大汉奸首先不能不推五代时的石敬瑭。他求得契丹的帮助，灭后唐，受契丹之封为后晋皇帝。他把燕云十六州割让给契丹，并且每年搜括民财奉献绢三十万匹，其他珍宝珠玉也是不断供奉。他拜了契丹君长耶律德光为父，信件往返时，起先他是自称为臣的，后来被允许以家人礼相待，改称“儿皇帝”。——照当时人的看法，称儿是比称臣高一级的，所以石敬瑭死后，他的儿子石重贵继位，没有得到契丹方面的允许，即上书不称臣而称孙，耶律德光大怒，借口兴师问罪。

像石敬瑭那样的人真可说是无耻之尤的了。就其家世说，他本非汉人血统，而是西夷人。但他的行为并不能以他的血统来做辩护理由。他在后唐时，任河东节度便。他正是当时贪婪纵欲、卑劣无能的军阀官僚中的一个代表人物。和他同时向契丹献媚、求封为中国皇帝的还有赵德钧。赵德钧是汉人，也是后唐的一个将军，后来契丹兵进攻后晋石重贵时，赵德钧已死，他的儿子仍想做皇帝，率兵踊跃地做契丹的先锋。其无耻和石敬瑭父子不相上下。

石敬瑭开了在异族卵翼下做皇帝、称臣称子的先例。以后宋代的皇帝也有向异族侵略者称臣称侄，并割地求和的。南宋初年，更有两个声名狼藉的大汉奸，在金人（女真）手下做傀儡皇帝。

金灭北宋后，以黄河以南之地建楚国，封张邦昌做楚帝。不久后，南宋复国，诛杀张邦昌，金兵再南下，又把河南、山东之地封给刘豫建齐国。金人因为怕一下子不能完全消化黄河以南的地区，想用中国人之力来间接统治，所以先后建立这两个傀儡国，其用意和抗战期间日本人在中国沦陷区建立各傀儡政权很相似。张邦昌在北宋官居太宰，是宰相的位置，但竟和金人暗中结交，使金人指名要他代宋做皇帝。刘豫在北宋也做过中央大官，南宋复国时，他任济南知府，是独当一面的地方长官。金兵一到时，他要率领百姓投降，百姓不从，他半夜缒城而出，到金营纳降。降金后又钻营金的大将挞懒而得了皇帝的位置。但这个人也不过是当时许多纷纷投敌的官僚中的最特出的代表而已。

蒙元的灭宋，满洲的灭明，都是直接建立异族的统治，没有制造什么傀儡政权，但是文官武将士大夫投敌求荣的多如牛毛。清朝的扫平全中国，主要的是依靠许多明降臣的力量。如吴三桂、洪承畴、孔有德、耿仲明、尚可喜、高杰、刘良佐等人都是率领了十几万军队而向满清投降的。洪承畴受命为蓟辽总督，负责对满战事，战败而降，明人以为他战死了，还在北京城里设坛遥祭，追赠优恤，不料他已率兵做了清军的先锋。后来各地起义抗清的人民武装很多是被他剿平的。

清朝统治者自然非常重用这些降臣，但在既已建立了巩固的统治政权以后，却把这些降臣称为“贰臣”，表示他还看不起这些变节投降的人。其用意自然是在向已经做了他的臣民的人鼓励“从一而终”的“气节”，要大家死心塌地，不再起什么二心。

我们并不是根据传统道德中的“忠”的观念来评价历史人物。在我们看来，一个死心塌地效忠于专制统治者的并不就是可敬的人，一个始终做着异族统治者的忠实奴才的自然更是可悲的人。但像那被称为“贰臣”的人，今天在专制统治的秩序中坐享高官厚禄，一到明天，又投身到异族侵略者面前争取做开国元勋的荣耀，的确是把寡廉鲜耻的性格表现得最充分的了。不过，无论是在今天还是在明天，他们都同样是拿人民的血汗做代价来填满个人的私欲，其前后行为又还是一贯的。所以在历史上，每当异族入侵，逼得旧的统治政权土崩瓦解的时候，从官僚士大夫中大量地产生这种可耻的“贰臣”，并不是偶然的事。这些人在还没有公开投敌的时候，其实早已是祸国殃民的人物了。

像张邦昌，在北宋做大官时，已曾受到人民的公开申斥。金兵围攻汴京时，张邦昌和李邦彦等人都主张妥协求和，对于认真抗战的李纲等人竭力排挤倾轧。所以当时的太学生曾聚众上书说："其庸缪不才、忌疾贤能、动为身谋、不恤国计者，李邦彦、白时中、张邦昌、赵野、王孝迪、蔡懋、李棁之徒是也，所谓社稷之贼也。"这正是当时民间的公论。北宋末叶，当政的都是这一类"动为身谋，不恤国计"的人，在他们手里，弄到民生凋敝，民怨沸腾（这就是梁山泊好汉的故事发生的背景），弄到将骄兵弱，每战必败（和金人相约攻辽，金已破辽，而宋兵仍节节挫败，遂启金人轻视而长驱直下，无以为抗），弄到在兵临城下时，还是和战不定，终至把中原奉让给异族。——所以这些人不论后来是否像张邦昌那样公开降敌，但在实际上都是扮演着给异族的侵略者铺设道路的角色。

南宋初年又出了一个遗臭万年的秦桧。他虽没有降过金，但他曾被拘金营，自称是乘间逃归的。事实上是已和金人勾结好了。所以他不惜诬害有能力御金的大将，来促成和议，和议的结果是宋称臣奉表于金，金册封宋主为皇帝，并割让淮水以北的土地，每年又奉银绢各二十五万于金。在对外这样屈辱的时候，他对内则实施很严格的统制，逻卒密布，以排除异己，钳制民意。这样就使南宋再也没有力量翻过身来，只好坐待亡国。所以后世虽还很有人为秦桧辩护，但事实俱在，他的罪恶实在更大于石敬瑭、张邦昌、刘豫一流人。他的名字不能不写在《汉奸传》的前列。

明代情形也大体相似。明代后期政治上最有权势的是太监，许多腐败的官僚都奔走在太监门下，把整个国家弄得一团糟，使清军得有机会从容地问鼎中原。到了明政府流亡江南的时候，朝中当权的还是属于太监政治集团中的马士英、阮大铖。他们也使这流亡的政府加深腐化，他们也和清人讲和，情愿割地赔款，他们也多方阻挠积极抗战的史可法等人。到了最后，他们看到已不能再依靠明政权而安享富贵的时候，便公开地投顺了清军。

我们不能不指出，这些可耻可恨的败类，都是在封建官僚政治内部必然的产物。他们本来就和人民站在对立的地位，所看见的只是个人的私利，当然不会想到在异族入侵下人民的沉重苦难。为了自己安享富贵尊荣，他们是什么事都可以做的。但是同时，我们也要指出，当历史上每度异族入侵时，从官僚士大夫中也不是没有发生过够得上称为民族英雄、值得我们歌颂的人物的。

二、英雄如何产生

当金兵入侵、宋室南迁的时候，在宋朝文武官员中虽然有很多走着张邦昌、刘豫的路线，但同时也有李纲、宗泽那样的人，他们身当危急之秋，在朝廷中坚持抗战主张，并且用实际行动鼓励士气，激发民心，这才奠定下南宋建国的基础；也有岳飞、韩世忠那样的人，他们在南宋初年，亲率大军，辗转苦战，阻止了金兵南下，还一时把战事失败的形势扭转了过来。这些人的确是值得歌颂的英雄。在当时，宋朝政府并没有坚定的抗战政策，朝廷中妥协求和的论调始终占着支配地位，所以像李、宗、韩、岳那样的人是尤其可贵的了。

在我们歌颂这些英雄的时候，应该看出来，为什么他们能够成为英雄。

前面提到，在刘豫降金时，济南人民不愿从他，由这一事就可知道当时的民意了。在那时随着金兵南下，大河南北一切沦陷土地中都有义兵蜂起，那都是人民自动起来守土抗敌的力量。李纲、宗泽竭力主张重用这种民军。宗泽在最危急时，能够坚守开封，化险为夷，就是因为他和河北、山西各处山塞中民军联合了的原故。他之所以自信能够渡河收复失土也是因此。岳飞、韩世忠也是同样。因为他们敢于提兵北伐，所以人民踊跃投效，士气旺盛，而黄河以北的各地义军也纷纷给以响应。在这些自动起来的义军被朝廷中主和派诬为盗贼、加以诋毁的时候，宗泽曾向宋高宗说：河东、河西的人民纷纷起来勤王救驾，甚至有在脸上刺了字以示和金人誓不两立的，他们都是忠义之士；现在皇帝却把勤王者看做盗贼，岂不是褫夺了天下忠义之气而自绝于民么？宗泽这段话可以表明他们是如何尊重人民的抗金力量。能够尊重人民的，也就为人民所爱戴，像李纲受主和派攻击而被罢免的时候，汴京城里的军民不期而会的数万人，一起在皇宫前面喧闹，不看到李纲复职就不散，这就逼得皇帝不得不把李纲重新召回。

由此可见，这些英雄的产生也决不是偶然的。产生这些英雄的背景是当时在人民中的抗金的情绪和力量的高涨。他们的主张和作为确是和人民的愿望相符。并且他们能够看出人民的力量而愿与之结合，因此他们也就能够得到人民力量的支持了。

同样的情形也可以在明末看到，在明末也有史可法、何腾蛟、张煌言、郑成功等许多人，他们也是站在官僚士大夫的身份上，和当时在人民中风起云涌的反清潮流相结合着，坚持不屈地从事斗争，一直到死方休。像何腾蛟，在南明政府下镇守湖南、湖北，能够集合各地人民义军，并且和李自成旧部的农民军队合作抗清。像张煌言，在清兵已席卷东南的时候，还在浙江各地发动义军，在浙闽沿海苦斗了十多年。他们都是在力战之余，失败被俘，坚决拒绝诱降而从容就义，这种坚定的节操确是可歌可泣，而他们和人民结合的这一个特点更是不应埋没的。在那时，也还有很多的属于士大夫身份直接在民间组织义军抗清的，像有名的学者黄宗羲就是其中的一个。

我们可以看到，当旧的统治政权在异族铁蹄下面陷于崩溃的时候，自然在整个的统治阶层中引起了巨大的震动。有狡黠卑鄙的人立刻投顺了异族的“新朝”，去做新贵，也有沮丧绝望的人采取消极的自杀的手段，“以身殉国”。这后种人虽也节烈可钦，但其实只是统治者无出路的表现。这样的人在历史上也并没有能当作英雄的名字而留传下来。最后还有一部分人，他们面临到国破家亡的危机，眼看着旧统治机构的残破无能，却能够回头看到了人民中的力量，于是他们把个人的坚贞不屈的品格和依靠人民的方针在某种程度上结合了起来，这才使他们成为永远值得追念的英雄人物。

从今天来看，这些人和人民结合的程度还是非常不够的。他们究竟仍是从统治者的利益的观点出发。所以他们并不能真正站在人民中间，而仍是抱着统治者的利用民力的看法。当统治政权还在主张着对外敌妥协求和的时候，他们就不免陷入了矛盾之中，以致像岳飞那样被牵引到风波亭的悲剧之中了。——这种由历史时代和身份地位所给与他们的限制诚然很大，但假如因此而把他们一笔抹杀，那就不是公正的历史估价了。

反过来，我们也可以看到，专制统制政权在还保存着足够的力量时，对于异族的入侵，是也会主动地实行抗拒的。但一面进击外族，一面仍直接加害人民，这就使他们的对外战争没有什么意义。例如东晋和南宋偏安一隅，在统治力相当恢复后，都曾进行过北伐。东晋时刘裕北伐，成果最大，连长安都从异族手里恢复。但他在长安横征暴敛，并不使人民的苦痛稍减，于是不到一年以后，长安又被匈奴占去，而这时刘裕已回到南方，想抢皇帝做，不再顾到北伐了。南宋时，由于一贯地对金屈辱议和，已经渐使民气消沉了，到光宗时，韩侂胄为相，内政上毫无改进，受清议的批评很利害，却想博得收复失土的美名，但兵衅既开，连连败北，结果还是议和了事。——这些正是明白地表明了，倘不和人民的利益一致，没有真正取得人民的信赖，那么单纯在军事上和入侵的异族周旋也还是无效的。由此也就更加证明了，能够称为民族英雄的人，是只有那在或大或小的程度上，和人民结合在一起的人。

在历史上的民族英雄中，我们更忘记不了在明代中叶御倭的名将。那时，在东南沿海，深受倭寇侵扰，形成很大的危机。数十年间，官兵不断进剿失败。在最危急时，俞大猷、戚继光诸人起来了，他们出身贫寒，多知民间疾苦，因而知道如何才能动员人民力量，用新的方法编练军队，并坚决执行军民联合一致的方针，这样才能把倭寇肃清。假如不从他们和人民结合这一点上看，是无从了解为什么他们在当时独能成就这样的功业的。

三、“南渡君臣轻社稷”

宋明两代，在面对着金元和清军的侵略时，虽然在统治阶层中也产生了一些能和人民结合的英雄，但是它不仅分化出很多力量，做了侵略者的帮凶，增加了侵略者的力量，而且整个地来看，宋明政权在侵略者前面所表现出来的只是无能与怯懦。北宋亡后有南宋，维持了一百五十年的生命，明朝在退出中原以后，也还有支撑了二十年的南明政府。这种在忧患中产生的政权，却也并不能表现出振作有为的新气象，只是在苟安泄沓之中自行腐烂，以致在侵略者继续进攻时，只能不断地退让奔逃，渐趋绝灭。这是有更早的历史前例的。最早的有东晋，也是在退出了北方以后，一味在南方宴安享乐。不过那时的异族力量比较散乱，所以其结局和宋明不同，没有直接为异族吞灭。

我们已经讨论过封建专制政权在本质上是和人民对立的，也说明过在专制主义官僚主义的统治下，军事上政治上的内在矛盾，及其腐败瓦解的危机。在这里，我们就可看到，从外面来的侵略者的势力就使这些矛盾和危机赤裸裸地暴露了出来，虽到最危急时也无法加以克服，那就只能委曲求和，苟且偷生了。

军事上的危机是克服不了的。当金兵南下时，一路经过险关要津，全无宋兵抵御，使金人都叹息说，宋朝太无人了。足见当时宋朝军队的无能了。南宋末年也是如此。贾似道曾以宰相的身份，统兵百万，抵御蒙古，然而战无不败，于是他私自向蒙古议和，答应称臣纳币，蒙兵一度退走后，他就回来向政府报告大捷。这实在是因为在专制主义官僚主义的统治下，早已把军队腐化到极点，一遇外寇，自然就只能演出这可怜的情形来了。

在统治者内部的分歧对立的危机也是克服不了的。封建专制政治虽有统一之名，其实是内部充满着矛盾的因素，所以一到专制政权在外寇侵入中被削弱时，就更加涣散了。像在南明的福王政权时，不仅朝廷中有主和的大臣结党排挤主战的将领，而且在各实力派之间也冲突得很利害，以致形成内战，而葬送了抗御清兵的力量。福王政权覆灭后，接着又有唐王与鲁王两个政权成立，他们同是明室的后裔，同是局促一隅的小朝廷，同受清军威胁，但仍不能和衷共济，而互相对立，势成水火。这自然不只是这二王的不合作，也正是反映着两个官僚集团、两个实力系统的对立。

最大的一个问题还是统治者和人民对立的问题。在侵略者势力深入的时候，统治者未尝不想到要“收拾民心”。北宋钦宗在汴京被围时曾下诏号召河北人民勤王之师，甚至说：“天下平安，朕与尔等分土共享之。”南明时也曾想到，发动义军，“招抚”“流寇”（其实是农民起义的军队）。要是贯彻这方法，未始没有救。然而他们不能。南宋立国，起初还继续任用义军，后来就称之为盗，命令他们解散。南明各小朝廷也都局限在自己的小范围内，只图如何增加自己的军力，却眼看着在东南各地风起云涌的义军一个个被清军消灭，不给以任何援助。而且这些偏安的政府在一切方面都和过去一样，继续着封建专制主义的各种制度和政策。因此一方面，人民因为身受异族荼毒，很自然地会倾向于这些新政府；但另一方面，因为新政府的实质和表现仍是如此，它和人民之间的隔阂甚至轧轹终于还是不能降低。

在这样的情形下，统治集团中纵有个别的分子能和人民结合，坚持着抗战的政策，也不能不受制于整个政治形势，而无从尽其全功。像风波亭的悲剧在历史上也不只演了一次。清军尚未入关时，明代曾有熊廷弼、袁崇焕等几个大将固守边疆，很立了些战功，然而他们却也遭遇到了岳飞同样的命运。原来在封建专制政权越是趋于灭亡的时候，越是不容许在他自己内部产生特出的英雄，形成一个特出的力量，必须把它拉来同归于尽。所以一个李纲支持不了北宋的危局，一个文天祥挽救不了南宋的末运，一个史可法也无助于南明的福王政府。他们既仍是依靠着当时的统治政权，因此也就只能在这崩溃的历史上扮演一个悲剧的角色了。

既然可用的民力弃置不顾，能战的部分力量又加以摧残，结果自然只好一意求和了。他们是想用求和来缓和外寇，并缓和内部的政治社会的矛盾。但这自然只是空想。妥协求和的方法一方面只足以使外寇有机会从容布置，逐步深入；一方面又只足以使民心涣散，民情更加背离。而且在自己已处于劣势地位的时候，求和更难成功。假如南宋还能够和金人拖了一百多年，那么南明在清朝面前，是连苟安一时都办不到了。

南宋的偏安政府，南明的小朝廷，其处境何等危急困窘，而其统治者荒淫无耻，燕游逸乐，实在也到了极点。南宋诗人写临安（杭州，是南宋首都）的诗道：“暖风熏得游人醉，直把杭州作汴州。”南明诗人写南京的诗也说：“而今也入烟花路，灯火樊楼似汴京。”这正是这时上层社会的情绪的表现。此地虽是杭州、南京，但是繁华景色都和北方的旧京城一样，何必还想望什么呢？无怪乎又有诗人痛心地说：“南渡君臣轻社稷，中原父老望旌旗”了。在那胡骑践踏下的人民天天巴望着故国旌旗，这些偏安小朝廷的君臣却都忘记得干干净净了。据说，南明福王宫中还挂着楹联道：“万事莫如杯在手，一生几见月当头。”这充分表现了已看到自己的末路的专制统治者的心理。他们既不敢战也不能战，只是为了顾全自己的统治地位而求和，那么他们就不能不粉饰太平，掩盖危亡的事实，到了连苟安一时都难做到的时候，也仍尽量使自己麻木，暂且利用眼前的特权地位纵情享受一番。

四、不死的人民力量

但这些被异族入侵亡国的历史并不能使我们得到悲观消极的结论，因为我们在每一时代都可以看到在苦难中挣扎奋斗而取得了最后胜利的人民力量。

在现代意义上的民族观念，是不能要求于过去中国社会中的人民的。因为那时既然是以个体小农经济为基础的分散的封建经济，人们所有的只能是浓厚的乡土观念，一般的民族观念是不可能有的。而且广大的人民一向处于本国的专制主义官僚主义的重压下面，国家对他们只能给以灾害，爱护自己的国家那样的观念在平时也是很难产生的。只有在异族大规模入侵的时候，生命被屠杀，妻女被奸淫，田园被占夺，这才在人民中唤起了强烈的反应。当人民看出了入侵者是语言风俗习惯完全不同的异族，而且想以他们的风俗习惯来改变中国，种族反抗的意识就在人民中勃兴了。所以不论异族侵略者怎样地软化了封建统治势力，总不能避免人民的坚强的反抗。

这种种族的反抗首先还是表现为乡土的保卫。早在五胡侵占中国时，黄河南北的各地人民已有很多自动武装起来，保乡自卫的。他们的组织称为“坞”或“壁”、“垒”、“屯”。在晋朝的官僚士大夫已渡江到江南去宴安享乐的时候，在中原和异族统治者反抗的就是这些人民。宋代反金的人民武装称为“民兵”、“义军”或“忠义巡社”，在山东、山西、河南、河北，到处都有。其中最有名的是太行山的“八字军”。八字军领袖王彦，本是一个小兵，在金人已占领汴京时，他和七百人共避入太行山，都在脸上刺了“赤心报国，誓杀金贼”八个字以示决心。他就以这七百人为基础，团集了分散各地的许多义军，成为十余万人的力量。从此太行山成了一个抗金的根据地，在金兵不断进剿之下支持了十多年。金人之所以没有能顺利南侵，灭亡南宋，这些人民义军在它心腹内的牵制活动是有很大作用的。更以后，当蒙古人入侵和清军入侵的时候，中国各地人民的反抗也是很激烈的。

在反清的斗争中，像麻三衡领导下的七家军最后失败时，麻三衡和全军中的其他领袖和战士没有一个受敌劝诱投降，宁可杀身成仁。又像在阎应元领导下的江阴县百姓，守城起义，竟以弹丸之地吸引了清军二十四万，抵抗八十一日之久，城破的时候，还是顽强抵抗，几万人同心死义。那种精神实足以代表中国人民中最高的节操。

这些守土抗战的人民中的主要成分自然是农民或城市中的平民。但因为所对抗的敌人是异族的侵略者，所以也有士绅地主来参加的。像反清的各地人民义军，有许多还是由士绅地主发动和领导的，但其基本的力量总不能不依靠广大的下层人民。

也有纯粹由下层人民组成，本来的目标是为了反对专制统治者，但当异族统治者入侵时，立刻把斗争的目标转移过来了的。最显著的史例是在明末。当时李自成所领导的农民队伍推翻了北京的明政权，清军入关又把李自成从北京赶出去。这时反明的李自成部队就一变而为抗清的最坚强的力量。李自成虽已战死，但他的部队仍有五六十万之众，在他的侄儿李锦和别的将领率领之下，在山西、陕西一带和满清对抗，以后被迫退到了湘鄂各地，还和南明政府合作抗清。这部分力量是在抗争中坚持得最久的，一直到南明政权完全消失后，在湘鄂各地仍旧此伏彼起的人民抗清斗争中还可以看到他们的踪迹。

但是我们不能不看到，封建专制政治对于人民的反异族斗争的妨害。纵在异族入侵、玉石俱焚的时候，人民和统治者之间的轧轹还是不易消除的。一方面专制统治者带着传统的成见，纵然对于抵抗异族的人民起义，也仍或者采取冷淡的态度，或者竟称之为盗寇，像南宋之初那些人民义军，有许多在传统的史书中却只留下个“群盗”的名称。湖南李自成的部众虽已参加抗清的战争，南明政府也仍目之为流寇。而另一方面，在封建社会自发的农民斗争究竟还是带着落后性的，没有一种远大的方针来指导自己的行动，因此虽然在异族侵陵的危机已到了极点时，只因加在他们身上的本国的封建压迫仍然存在，他们在斗争中的步骤与目标也常不免分散。而且他们也只能在各地零星爆发，不易团结而为整个力量。专制统治者既不能把这一切力量都集中在反异族的一个目标下面，却反而进行“剿匪”（如南宋、南明与异族对抗时都曾用很大力量在后方剿匪），这就更使社会内部的轧轹加深，更加消耗了人民的力量。由于这些原因，在异族入侵时，虽然人民中的反抗很激烈，也还是不免于逐渐地失败。人民的力量，在那种封建的社会政治条件下，到底还不可能掌握整个局势的发展。

然而一旦到旧的封建政权已经完全绝灭，异族的统治已经巩固的时候，官绅士大夫大半都看到“天命所归”，去和“新朝”合作了。其中好一点的也只是退隐山林，采取消极的不合作态度，而人民的力量虽也因为受残害太大，一时比较消沉了，但是在异族的统治下面，无论在元代和清代，人民的反抗斗争都没有一个时期停止过。最终摧毁了异族统治的，也还是从广大的农村中爆发出来的人民的力量。最早的如统一了五胡十六国的鲜卑族的魏国，在其瓦解时就遇到了西北各地普遍的“民变”。到了蒙元和清朝，是遭遇到了规模更大、更显著地带着反种族压迫的性质的人民起义。元朝的一百年统治中，北方有“弥勒教徒”的反抗活动，南方也有各地此伏彼起的农民叛乱。清朝三百年统治中，在其中叶以后，各地人民的叛乱大大激烈起来，最后总结为南方的太平天国、北方的捻党。这些都被当时的统治者认做盗匪，但我们在今天来看，自然不能不说那是反抗种族压迫的人民斗争。

这些人民斗争正给灭元建明的朱元璋和灭清的“辛亥革命”开了先路。朱元璋的能够赶走蒙元，也还是直接依靠了元末的极广大的人民变乱，而辛亥革命本身更是一个人民的革命运动。

所以就是在封建时代，反抗异族的最顽强的最坚韧的力量也是从广大农村中出来的人民力量：人民中的这种力量像是磁力一样，曾经吸引了在封建统治者中的某一部分人，使他们能够成为英雄；就是整个封建统治势力，在危难之时，也会不得不看到这个力量，乞援于这个力量，而且在实际上得到了这个力量的支持；最后，那取得了一时胜利的异族的残暴统治，也还是不得不失败在人民的不死的力量前面。

九　逃不了的灭亡命运

近二十年来，在国际间出现了法西斯主义制度。希特勒、墨索里尼的专制统治曾经引起很多短视者的赞叹，认为这种制度再强有力也没有了。但是远见的人早已看出，法西斯统治，在实质上，是极不稳定的，它所造成的国家的富强是极不可靠的。——果然，到现在，事实已经证明后一判断是完全正确的。

回顾历史上的封建专制主义时代，也有人为某些朝代的极盛期所迷惑，他们俯伏在汉武帝、唐太宗之前，觉得那时的确是至善至美的“黄金时代”，简直可以做万世的规范。但其实就全部专制时代的历史来看，却是充满着杌陧不安的现象，变动纷乱的危机的。——在我们以前谈过的许多题目之下，已经证明了封建专制主义的统治，在实质上，也是极不稳定的，它所造成的国家的富强也是极不可靠的。

在变乱危机没有表现出来以前，封建统治者也以为自己已建立了最美好的社会制度，以为自己的统治地位稳若泰山，以为这种统治秩序可以长治久安，永垂不朽。但是一旦形势变化，危机爆发，他们的主观愿望就被摧毁得干干净净。到了这时，统治者无论怎样挣扎，是都无效的了。

我们既已分析了封建专制主义统治内部所包含的和外面所遭遇到的各方面的困难和危机，现在，让我们看一下他们如何应付这些困难和危机及其终极的失败。

一、失败的“变法运动”

秦始皇并吞六国、统一天下之后，规定下自号“始皇”，以后子孙继位，就叫二世、三世，以至无穷。不料他自己刚刚死去，农民起义的烽火已经起来了，使他的政权短命而亡。

农民起义是下层人民不满现状，用武力来要求变革的行动。我们在“大地下的撼动”一章中已经说过，因为农民没有在政治上发言的权利，所以他们的变革的要求只能表现为武装的行动。

秦的失败留下一个教训，使上层社会的人也不大相信万世一系的可能了。汉代就有人根据五行相生相克的说法而主张每一个朝代都是顺着天意而兴起的，但到了一定时候，天意会背弃他，于是这个朝代就不能不让位给另一个合于天意的新的朝代。到了汉昭帝（武帝后的一个皇帝）时，居然就有人公然向朝廷建议说：近来泰山下有一块大石头忽然自己站起来，上林苑中有棵倒下的枯柳也忽然站了起来，这都表示汉朝的气运已经完毕，民间将有新的天子起来，所以汉帝应该访求贤人，实行禅让。——这种说法不能只看作迷信的思想（汉朝人是很多迷信思想的），因为这正是反映了汉朝当时社会的极度不安定。原来在汉武帝时，虽是国运最盛时期，但由于武帝四方征伐，百端浪费，横征暴敛，不恤民力，结果就弄得社会经济残败，民怨沸腾。于是在上层社会中也就有人看到这种危机，觉得情势非来个变动不可，便在迷信的外衣下提出了这种主张。

掌握着政权的统治者哪里肯自动让位呢？提出禅让要求的眭孟就以妖言惑众之罪被杀了。继眭孟之后，还是有人传播这种主张。但这种变革的主张只是要另换一姓的皇帝，其实政治经济的危机哪里是去掉姓刘的皇帝、换一个别姓的皇帝就能解除的？

结果，王莽利用了这时对汉朝不利的空气，推翻了汉政权，自己做了皇帝。那时社会的秩序是更加混乱了。王莽知道，光是换朝易代，问题不能解决，于是他大刀阔斧地在社会经济制度上进行一整套的改革。王莽可算是在封建统治者群中第一个企图大规模进行变法改制运动的人。

在那时，基本的社会问题在于官僚贵族豪富兼并土地，使许多农民无地可耕，流离饥馑。同时又有许多暴富的大商人囤积物资，垄断物价，高利贷款，使小民更无以为生。王莽所企图实行的新制度，基本目的就在于限制大土地所有者的土地，并由政府来管理物资，平抑物价，低息贷款。他的政策中包含着浓厚的空想成分，所以似乎很激进，最显著的就是他的土地政策。他根据了古来的一些传说，想恢复上古的所谓“井田”制。他规定每一家人家只能有一定数量的土地，所有的土地都称为“王田”（国有土地），绝对禁止买卖。

王莽的新政结果完全失败。他所颁行的各种政策，实行了没有几年，都由他自己一一宣布取消。其所以失败，是因为他的政策侵犯了贵族富豪的权利。他既完全屈服于贵族富豪势力而自行宣布新政的失败，反过来，他就更加强了对于人民的压迫剥削。人民本来也许对王莽的新政存着一些希望，现在得到这样的结果，自然是更加激起不满了。既然统治者没有能力改善社会的情势，人民就不得不自己动手起来。所以又一次农民兴起，推翻了王莽的政权。

提到历史上的变法运动，除了王莽以外，我们就要想到北宋时的王安石。

王安石实行变法，时在北宋开国后一百多年。在他以前三十年，范仲淹做宰相，已经提出过改革政治的主张，但遭遇守旧的官僚的反对，一点成绩也没有就下台了。但是当时客观形势的发展，急迫地要求统治者的政策非有所改变不可。王安石得到神宗皇帝的支持，大权在握，就全力来推行一些新的政策。

王安石所行新政中，主要的有“青苗法”。当时富户在农村中高利盘剥农民，“青苗法”是由政府用较低利息借钱给农民。又有“免役法”。当时平民有给官府当差的义务，受累极重，为了逃避力役，人民有出家的，有逃亡的，甚至有自杀的。“免役法”是要人民出免役钱，官府拿这钱雇役，不再强派人民服役。又有“方田法”。这是丈量田亩，想清查达官贵人隐瞒逃税的田地。又有“保甲法”。这是普遍地训农为兵，企图用民兵来代替募兵，以挽救当时军队腐败而外患紧迫的情势。

原来在北宋时，由于官僚机构中冗员充斥，加以宫廷和宗室贵族奢侈浪费，弄得国库日窘，无法维持。同时官僚地主富商利用一切机会对人民剥削，弄得民间怨愤，时起变乱。王安石的新政是想挽救这种危机的。但是一切旧官僚和地主富豪都向他集中了疯狂的反对。虽然因有皇帝的支持，他一共做了七年的宰相，但神宗一死，他就罢官，旧派代表司马光上台，把他的一切法令全部废除。从此在北宋官僚中发生了新旧派的党争。两派交替着执政，互相排挤攻讦。结果政治一点也没有改良，社会情势一天天恶化。统治者只能眼看着内忧外患的危机日渐加深，终致金兵入侵，北宋沦亡，这时上距王安石变法失败时只有四十年。

我们还可以谈一谈清朝末年的“戊戌变法”。那时正在清朝被日本战败以后。清当局的腐败无能，中国的危机是谁也不能掩饰的了。统治者的动摇和人民的不安都到了极点，亡国大祸迫在眼前。

这时康有为、梁启超等人设法说动了光绪帝，企图革新政策来挽救危局。康有为上皇帝书中引了世界各国的例子来证明“能变则存，不变则亡，全变则强，小变仍亡”。他又说，方今之病在死守旧法而不知变，处列国竞争之世，而行过去唯我独尊时代之法，就好像已到夏天还穿皮衣，要想渡河却坐大车，结果一定是热死淹死。他主张变法的话说得虽很痛切，皇帝在戊戌那一年（1898年）也完全接受了他的意见做，但结果只做了三个月就垮台了。这三个月中由皇帝亲自下了无数道的革新诏书，其中包括废八股科举、建学堂、办银行、设铁路、办矿务等内容。但一切革新只表现在白纸黑字的诏书中，上上下下的官僚集团不但不执行，而且拥戴了慈禧太后来打击维新运动。维新派都从朝廷上被赶跑，连那不安本分的小皇帝也被拘禁了起来。

这几次都是从上层社会统治集团中发动的变法改制运动。假如没有内外种种危机震撼专制统治下的秩序，这种运动自然是不会发生的。但它们虽借帝王之力而推行，却仍不免于失败。这些变法运动的性质及其失败的原因是值得我们来进一步分析一下的。

二、没有救自己的能力

首先我们应该指出，这一切由上层社会所发动的变法运动并不是什么彻底的改革，就是说，并不能真正解决当时的政治社会问题。

封建统治者所遭遇到的困难危机，无论其具体形态是如何，在基本上都由于这种统治是凭借着腐败的官僚机构而建立在对于千百万农民的残酷剥削之上的。这是我们在以前各篇中已经分析到的。因此，假如要彻底地解决问题，那就非根本改造这种社会政治制度不可。就是说，要使千百万呻吟苦痛的农民从封建桎梏下解放出来，可以在自己的土地上劳作，不必把大部分的收获都供奉给地主和国家。也就是说要取消地主在经济和政治上的特权地位。这样做了，才能根本断绝寄生的腐败的专制主义官僚统治机构的基础。——在封建时代，起义的农民虽然不能明确地自觉到这些，但他们的行动确是趋向这个目标的。然而上层社会中的任何革新派却绝对没有这样的企图。

王莽、王安石的新政固然包含着给农民减轻负担的用意，康梁的变法固然和当时不满现状、企求新的出路的人民愿望有相通之处，但是他们决不是站在人民——农民立场上提出改革主张的。

王莽在创议新政时，指出当时的事实是："富者犬马余菽粟，骄而为邪；贫者不厌糟糠，穷而为奸。"这是说，贫富不均太严重了。有钱人太无法无天，结果弄得穷人连糟糠都吃不饱，他们在没有办法的时候，就会起来作乱。这话可算是对整个上层社会的一个警告：一旦弄到广大人民起来反叛作乱的时候，大家都没有好日子过了。王莽预见到这种危机，所以他才实行新办法，想把贵族富豪的权势稍稍抑制一下，想使社会间的轧轹不安渐渐和缓下去，这样来维持专制主义的统治秩序。王安石的新政也是这样的用意。当时在宋政权统治下，各地农民的叛乱已经在零星发生，王安石一面想用“青苗”“免役”诸法使农民最迫切感到的苦痛减轻一些，一面想用“保甲法”中的十家一保，一人犯罪，同保人不先告发，连坐受罚的制度来控制社会秩序。

而且王安石实行新政，基本出发点还是为了增加国家的财政收入，而不是改善人民的经济生活。如何增加国家收入？仍旧要从广大农民身上打主意。他的办法是制止地主官僚富豪对于农民在某些方面剥削无度的权利，而把这种权利由政府来独享。譬如“青苗法”就是把向农民放高利贷的权利收在政府手里。固然政府规定的利息减低了一点，但也还有二分，所以当时反对新政的人斥为政府对人民重利盘剥。至于“免役法”，人民所出的免役钱为数很不小，政府不过以其中一小部分来雇役，于是政府又多赚了一大笔钱。王安石说：“因天下之力以生天下之财，收天下之财以供天下之费。自古治世，未尝以财不足为公患也，患在治财无其道耳。”这就是他提出变法主张的基础。所以他只一味设法增加政府的财源，而对于专制政府官僚机构的浪费却丝毫也不想加以紧缩。因此，上引王安石的话未尝不可以解释做把天下老百姓的财力都集中到政府手里，由政府来分配给全体统治层的人一起享受。

王莽的政策，情形也是一样的。有人以为那是“国家社会主义”，实在是拟于不伦。他的“王田制”纵然实现了，也并不是每个农民都成为自由独立的耕种者，不过是从地主富豪的剥削下转到专制政府的直接剥削下而已。因为政府还是用日益增多的赋税来尽量搜括农民的生产品的，这哪里有什么社会主义的气味？彻头彻尾还是封建专制主义。

昙花一现的“戊戌变法”，历史影响虽不小，但其本身的成就一点也没有。康有为提出的新政根本没有提到改变农民的经济生活，更是根本没有消除封建专制政治的用意。虽然他主张废除科举，这是触犯了官僚主义的，但是并没有提出什么立即改革当时腐败到极点的官僚机构的有效办法。

由此可见，这些变法运动，其实说不上是改革，而只是改良，是从统治者立场上，特别是从封建国家的最高统治者立场上提出的改良政策，把对于下层人民的剥削方法和统治政策做某一些改变，以求达到稳定既存的统治秩序，维持和巩固统治者地位的目的。

虽不是彻底的改革，但若认真执行，也未始不能收到一些预期的改良效果吧，也未始不能对统治者垂危的生命挽救于一时吧。

但是他们不能够认真执行这种改良办法。

一方面，像这样的在基本上为统治者打算的变法自然不能使下层人民感到满意。纵然一时在人民中造成一些幻想，但是当人民发现他们仍旧是在被勒索、被压榨，他们对于变法自然失掉了兴趣，而当加在他们身上的勒索和压榨，在新的法规下日益增加的时候，他们的愤恨也更增加了。——史书中所载在王莽、王安石新政实行时，下层人民中怨言已盛起，那并不全是反对者所捏造的。既不是真正为了人民，自然得不到人民的支持。

另一方面，更重要的是这种变法运动，在上层社会统治中也行不通。因为这虽然是为整个统治者地位打算，但统治者集团中的每个人却都是死死看着个人的眼前利益的。王莽想限制土地的兼并，王安石也想取消大地主不纳赋税的权利，他们又都想限制商业资本和高利贷的剥削，这些正是触犯了官僚大地主富豪的眼前利益的。他们要把这些有权势的私家所得的利益集中在政府手里，这更引起了愤慨和反对。既然变法运动本不敢和现存的统治集团对立，因此一遇到这方面来的反对，就只得让步了。

而且纵使不让步取消，变法运动也进行不下去。因为既然没有铲除官僚机构，并且要依靠这官僚机构，而官僚机构正是为地主富豪势力所支配的，它决不会来认真执行损害自己利益的政策。一件件的新法，通过官僚机构，或者只是虚应故事，一点没有实行，或者在实行中，反而给官僚们增加了营私舞弊、中饱谋利的机会。后人批评王安石不善于用人，用了许多奸邪小人来行新法，以致失败。这其实并不是能否用人的问题，而是因为他不能脱离旧官僚机构。这官僚机构中多数人直接反对他攻击他，使他失败，而有些企图乘机钻营，投机取巧的官僚就来附和新政，使新政所企图的一点改良作用也完全看不见，结果也是使他失败。

为了挽救危局，从统治集团中自动提出的改革办法，最高限度只是这种改良政策。但纵使是这种改良政策，他们也不敢认真执行，不能认真执行。他们自己扼杀了自己所提出的改良政策。他们没有能力来挽救自己。当改良政策宣告失败后，他们在实际上所走的道路就只能是坐看危机的增加，一切守旧不变。

三、在不变中坐候末日

守旧不变是渗透在封建专制主义的统治集团中的一般的精神。他们用守旧不变的方针来对抗下层人民的反叛，对抗客观形势的变动，对抗在自己集团内部轻言改变的“叛徒”。

一切按照老办法来做，一切按照“祖宗成规”进行，一切保持从来袭用的传统规矩——这被认为最妥当不过的事。固然封建时代的下层人民因为受着愚民政策的欺蒙，因为过着落后的经济生活，其行动与意识也常是保守的、守旧的，但是对于下层人民，维持现状就是继续受苦受难的意思，而对于上层统治社会，守旧不变却意味着继续保持和巩固自己的特权。所以从下层人民中终于要爆发出打破现状的行动，而上层社会却到死也要坚持守旧不变的方针。

现状纵然已经十分残败，但在这残败的现状中，他们还能享受富贵尊荣。他们拒绝任何一点变动，他们生怕那一点变动会把他们带到不可测的前途去。

封建专制主义的统治机构正是为了达成维持现状、守旧不变的目的而组织起来的。——那就是我们曾谈过的官僚制度的基本精神。

孙中山先生曾说，我们要做大事，不要做大官。这话是针对官僚制度而言的。官僚的特性就是只做官，不做事。所谓不做事并非真的什么事不做，而是让一切都按照老规矩进行。随便举一个例，像东汉晚年有个人，叫做胡广，接连在六个皇帝手下做了二十年大官，但一点政绩也没有。民间传诵道：“万事不理问伯始（伯始是胡广的字），天下中庸有胡公。”这就是一个典型的不做事的官。但这时却正是天下动乱、东汉衰亡的前夕。

在这样的统治集团中，变法运动虽不过是极有限度的改良主义，但也很要有些勇气才能提出。所以对王安石这样的人，我们仍不能不表示敬意。北宋的统治集团中是充满了因循怕事的官僚的。譬如在真宗时的宰相王旦，号称局量宽大，从不发怒，对任何政事，都力求避免招怨。这样的人当然不会做什么改革事业，然而他在当时却被颂为贤相。反对王安石的守旧派中有吕公著其人，是有名的“口不谈是非”的人，也做到宰相。对于一切事不作是非判别，其实就是承认现状是最好、最合理，因此，在实际上他是站在革新派的反对阵营内的。

宋朝选拔官员一向总是选所谓老成稳健之士，所以朝廷中就充满了须发苍苍、暮气沉沉的人，两眼只看过去，遇事但求守旧，他们自己力求不做事，不惹是生非，而一看见有人出来稍微有些改革的主张，就群起而攻之。这情形固不仅宋朝如此。梁启超在清末，曾以生动的笔调描写当时守旧腐败的官僚集团，他说，这些老朽的官僚，“积其数十年之八股、白摺、当差、捱俸、手本、唱喏、磕头、请安，千辛万苦，千苦万辛，乃始得此红顶花翎之服色、中堂大人之名号，乃出其全副精神，竭其毕生力量，以保持之，如彼乞儿，拾金一锭，虽轰雷盘旋其顶上，而两手犹紧抱其荷包，他事非所顾也，非所知也，非所闻也”。

用乞儿拾到金子，死命坚持不放的譬喻来说明封建统治者的守旧，是很适合的。宋朝从开国以来，国势就在不安振荡中，清末更是亡国惨祸迫在眉睫之时。对于统治者，这都是“轰雷盘旋其顶上”的危险时候，也就是他们手中的“金子”随时可能失掉的时候。然而越是在这样的时候，因为他们心里惧怕，所以就越是要选择所谓“老成持重”的人来做政治人物，以求苟延现状，而排斥任何敢于轻言改革的人。

不仅那种牵涉范围较广的变法运动会在统治集团中引起普遍的愤怒，就是任何一点小事，也不是可以轻易更动的。试看清末上层社会中的守旧势力是如何顽强地排斥任何新的事物，他们反对使用洋枪，反对开工厂，反对谈“西学”，反对与外国建立外交关系，认为这一切都是“于古无据”“破坏祖宗法制”的。封建统治者愈是到了面临崩溃危机时，愈是害怕变动，“杯弓蛇影”，最无关重要的变动也会使他们心惊肉跳。

由此可见，封建统治者的守旧不变，并不是因为他强，恰恰相反，是因为他腐败无能，因为他常常处于内忧外患交迫的不稳定状态之中。

但历史上也有些事实，似乎可以证明封建统治者并不是绝对不能主动地实行变制。譬如关于选官制度，我们曾谈到由荐举征辟制变为科举考试制；关于赋税制度，我们曾谈到由租庸调制变为两税制；关于军队制度，也有“府兵”“禁军”“卫所”这种种变动。这些都是由统治者自动造成的变革。——不过我们同时也看到了，这些变动不过是形式上的变动，对于事情的实质是没有什么改革的。

而且这种种局部的制度上的变动，也还是在客观形势逼迫统治者到万不得已时才实行的。荐举制发展为魏晋时的“九品中正”，只有贵族世家才能做官，到了唐初，经过许多变乱，旧贵族势力衰退，无力控制局面，上层社会中涌现了许多新的力量。这时旧制度事实上已不能继存，所以非有新制度产生不可。其他制度改变也是如此。在“租庸调制”实际上已经崩坏的时候，才有“两税制”之创行；在“府兵制”事实上已经不存在的时候，地方军阀各拥私军，中央也不得不建立新军，于是统治者也就只好承认这新制度。所以这一切制度变动，与其说是有意识的改良办法，无宁说是一种补苴弥缝的手段。

但在现状已经残破的时候，用补苴弥缝的手段也是维持不下去的。唐朝在安史之乱后，租庸调制、府兵制都崩坏了，因为统治力还没有完全瓦解，所以还能在政治、军事、财政各方面找到些新办法，力求弥缝，暂度难关。弥缝的结果不过是使唐政权在风雨飘摇当中多拖了一个时期。而当一个政权到了最后垂危的时候，那就连补苴弥缝的能力也没有了，只好死死抱着老办法，坐等灭亡。我们以前曾谈到南宋、南明这种在外寇前“偏安”的小朝廷，是最显著地表现了坐以待毙的情境的。

四、历史不会回头

守旧不变的政策压制不了在激荡变动着的客观形势。纵然表面上还能一时苟安残局，但实际上，一切变动在暗中酝酿发展，终于要爆发出来，一旦爆发，便来得更加猛烈了。

守旧不变的政策使封建专制统治者所遭遇到的困难和危机日益加深，同时就使它的主观的力量不断削弱，统治集团内部的意志和力量更加不能统一，内部的矛盾和纠纷更加扩大。

改良主义的变法运动在守旧的势力下被扼杀，不但未收改良的效果，反而增加统治集团内部的紊乱。在每一个朝代将灭亡之前，并不都有变法运动（有时连敢于提出改良政策的人都没有），却总是有纷纷扰扰的政争。这些政争中常常并没有政治主张上的明显差别，却只标榜着道德上“小人”“君子”之争，实际上是带着抱私怨、逞私见、营私利的色彩。他们眼看危机在前，张皇失措，不知如何是好，只以互相攻讦推诿责任。他们抱浑水摸鱼的打算，乘变乱日迫的局面，赶快多给自己扒进私利。北宋的政争，起初还是政策上的新派和旧派之争，随后也变成官僚集团中的混斗。在东汉末年，唐末年，明末年，也都发生过党争，皇室、太监、官僚、士大夫都参加在内，每次扰攘数十年之久，一直到这些朝代灭亡时才歇。这里不必来细说，也不必来分别这些政争中的是非清浊。固然其中有些人可说是比较正直的，有些人只是邪恶小人，但就是所谓正直君子也只是在纷乱时局中惟求维持现状，提不出改革改良办法的人。论者多以为这种党争是促成朝代衰亡的原因之一，其实这是封建统治集团面临绝境无出路，一心想守旧不变，但又失掉自信的时候，内部涣散混乱的表现而已。

统治者想维持整个秩序不变，但就是他自己内部的秩序也维持不了。结果自然逃不了灭亡的命运。或者是异族大举入侵，或者是农民武装大举起义，或者二者同时交错着发生。——他自己不愿意变，不能变，客观形势、人民力量就变掉了他。

但是在这两千年中，变动无论怎样激烈，究竟没有根本结束封建专制时代。经过每一次野蛮部族大破坏或农民革命大扫荡后，再建起来的仍旧是封建专制主义的社会秩序。旧的皇室、贵族、官僚、地主跌下去了，新的皇室、贵族、官僚、地主又在同样的政治经济基础上站了起来。还有些官僚地主虽经变乱，仍能随机应变，继续享有着特权地位。

到了清末，却真正遇到空前大变的形势了。

清末人常说，他们所面对着的是二千年来或四千年来从未有过的大变。——这话是对的，虽然他们并不了解这变局的性质和意义。

清末遇到了从海上来的西方侵略力量，这和历史上任何时期的异族侵略不同。他们用大炮轰开了这古老帝国的门户后，更挟着资本主义生产的优势经济力量涌入。他们起初输入大量商品——从鸦片到棉布，后来（1900年后）更输入资本在中国购原料、办工厂。受着这种刺激，中国人自己也有投资办工业的了。无论守旧者如何反对，机器、铁路、工厂这些从来没有过的新东西，陆陆续续地出现在中国大地上了。这样，资本主义的经济就在中国开始发生，虽然是非常缓慢地生长。

由此，立即造成两种结果：

一方面，资本主义的廉价的工业制造品输入农村，农民的手工副业受到打击，自给自足的小农经济开始被破坏了。农民所受到的剥削加重，农民的苦难加深。农村经济加速度地崩溃，这样就使封建专制主义自下而上的基础更加动摇了。

另一方面，资本主义的经济是反对封建专制主义的物质力量。在这基础上，产生了反对旧政治的新的社会力量。现在革命力量中，不只是农民而且渐渐有新兴的资产者和工人了。民主主义的政治文化思想从西方传来，传播在民间，更使新的革命力量扩大加强。

正是在新情势的酝酿期间，发生了太平天国，又发生了“戊戌变法”。这一次从下到上的农民革命运动和一次从上到下的上层社会改良运动虽然都失败了，但从此以后，在人民中反抗封建专制主义的斗争日益成熟。“戊戌变法”的教训使人觉悟到，希望统治者自动改良是无效的。最激进的分子团结在孙中山先生的周围，提出了民主革命的主张，他们继承了太平天国的传统而更向前进了。

封建专制统治者仍旧坚持守旧不变的方针作最后的挣扎。他扑灭了太平天国，扼杀了“戊戌变法”，全力压抑革命运动。他采取了“宁赠友邦，不与家奴”的政策，对于外来侵略者无耻地屈膝让步，一意企图对内维持旧有的统治秩序。当他看到大势已去、万难挽回的时候，最后一着棋就是宣布施行“君主立宪”。在清朝的最后七八年间，屡次宣布定期实行立宪，甚至还颁布了“宪法大纲”，但在这宪法上规定的却是：“大清皇帝统治大清帝国，万世一系，永久尊戴”，“君上神圣尊严，不可侵犯。”……到了这时候，他居然还在重温自秦始皇以来一切专制独夫所做的“万世一系”的幻梦！很显然的，这不过是假借立宪之名，欺世骗人，实际上是想继续一成不变地维持原来的专制制度，且使之得到合法的根据。

清朝终于被推翻，最后一个封建专制主义天朝在历史上消失了。——历史又一度证明了统治者无论用怎样顽强的努力来守旧不变，但客观的形势、人民的力量终究会变掉了他。

这的确是从古未有过的大变。从此以后，任何想重新恢复封建专制时代的社会秩序和政治制度的企图都抬不起头来了。历史的车头轰轰隆隆地前进，把旧的时代撇在后面，产生了新的事物，出现了新的情势，提出了新的问题，向着民主化、现代化的前途猛进。这是谁也违拗不了的前进的主潮，一切眼光向后看，留恋旧的时代，走着倒退的路的力量都不能不被辗碎在历史的车轮下面。

但同时，我们也要看到，封建专制时代经历过那样长的期间，积蓄了那样深厚的传统，要把它整个埋葬掉，并不是很容易的事。一个人死了，固然并不会有鬼魂，但一个历史时代死了，它的鬼魂却还会继续活着，给新的时代以骚扰破坏的。这“鬼魂”却并不是不可捉摸的精灵，而是实际社会中的存在。

我们看到，封建农村经济固然在近百年受到了严重的破坏，但是个体劳动小农经济没有改变，农民所受的超度的封建剥削没有改变，这岂不正是旧时代的鬼魂还能继续生存活动的社会基础么？我们看到，民国成立以后，还有袁世凯称帝，还有北洋军阀官僚把持政治，祸国殃民……这些岂不正是旧时代的鬼魂的代表么？直到现在，在抗战期间，受敌人指使，聚集在南京、北平的大小汉奸中，我们也可以分明地看出，旧时代的鬼魂依附在他们的精神和行动上……

死去的鬼魂继续拖累着、妨碍着生人的道路，这是不容忽视的一件事。但这究竟只是鬼魂。袁世凯和北洋军阀官僚很快地一个个被消灭了，抗战中的这些背叛民族、荼毒人民的汉奸黑暗势力，到现在也已经受到最后的裁判了。鬼魂不能复活，历史不能回头，这又是确定无疑的事。

人民的力量要使历史的车头更加紧速率地轰轰隆隆地前进。让应该死的和自找死路的赶快死去，让新的生命更无阻碍地成长起来。抗战就是这样的一个伟大的事业。经过这次抗战，我们将不只是击败一个民族敌人——这是有史以来，中国民族所遇到的最凶狠残暴的侵略者，而且要为真正的现代化民主化的新中国奠立基础。在这中间，旧时代所残留下来的一切鬼魂必定要肃清，一切遗毒必定要拔尽，一切老问题必定要作最后的清算。——这也正是我们来回顾这两千年来封建专制时代的历史的缘故。

国家新闻出版广电总局
首届向全国推荐中华优秀传统文化普及图书

大家小书书目

国学救亡讲演录	章太炎 著 蒙 木 编
门外文谈	鲁 迅 著
经典常谈	朱自清 著
语言与文化	罗常培 著
习坎庸言校正	罗 庸 著 杜志勇 校注
鸭池十讲（增订本）	罗 庸 著 杜志勇 编订
古代汉语常识	王 力 著
国学概论新编	谭正璧 编著
文言尺牍入门	谭正璧 著
日用交谊尺牍	谭正璧 著
敦煌学概论	姜亮夫 著
训诂简论	陆宗达 著
金石丛话	施蛰存 著
常识	周有光 著 叶 芳 编
文言津逮	张中行 著
经学常谈	屈守元 著
国学讲演录	程应镠 著
英语学习	李赋宁 著
中国字典史略	刘叶秋 著
语文修养	刘叶秋 著
笔祸史谈丛	黄 裳 著
古典目录学浅说	来新夏 著
闲谈写对联	白化文 著
汉字知识	郭锡良 著
怎样使用标点符号（增订本）	苏培成 著
汉字构型学讲座	王 宁 著

诗境浅说	俞陛云　著
唐五代词境浅说	俞陛云　著
北宋词境浅说	俞陛云　著
南宋词境浅说	俞陛云　著
人间词话新注	王国维　著　滕咸惠　校注
苏辛词说	顾　随　著　陈　均　校
诗论	朱光潜　著
唐五代两宋词史稿	郑振铎　著
唐诗杂论	闻一多　著
诗词格律概要	王　力　著
唐宋词欣赏	夏承焘　著
槐屋古诗说	俞平伯　著
词学十讲	龙榆生　著
词曲概论	龙榆生　著
唐宋词格律	龙榆生　著
楚辞讲录	姜亮夫　著
读词偶记	詹安泰　著
中国古典诗歌讲稿	浦江清　著 浦汉明　彭书麟　整理
唐人绝句启蒙	李霁野　著
唐宋词启蒙	李霁野　著
唐诗研究	胡云翼　著
风诗心赏	萧涤非　著　萧光乾　萧海川　编
人民诗人杜甫	萧涤非　著　萧光乾　萧海川　编
唐宋词概说	吴世昌　著
宋词赏析	沈祖棻　著
唐人七绝诗浅释	沈祖棻　著
道教徒的诗人李白及其痛苦	李长之　著
英美现代诗谈	王佐良　著　董伯韬　编
闲坐说诗经	金性尧　著
陶渊明批评	萧望卿　著

古典诗文述略	吴小如　著
诗的魅力 ——郑敏谈外国诗歌	郑　敏　著
新诗与传统	郑　敏　著
一诗一世界	邵燕祥　著
舒芜说诗	舒　芜　著
名篇词例选说	叶嘉莹　著
汉魏六朝诗简说	王运熙　著　董伯韬　编
唐诗纵横谈	周勋初　著
楚辞讲座	汤炳正　著 汤序波　汤文瑞　整理
好诗不厌百回读	袁行霈　著
山水有清音 ——古代山水田园诗鉴要	葛晓音　著
红楼梦考证	胡　适　著
《水浒传》考证	胡　适　著
《水浒传》与中国社会	萨孟武　著
《西游记》与中国古代政治	萨孟武　著
《红楼梦》与中国旧家庭	萨孟武　著
《金瓶梅》人物	孟　超　著　张光宇　绘
水泊梁山英雄谱	孟　超　著　张光宇　绘
水浒五论	聂绀弩　著
《三国演义》试论	董每戡　著
《红楼梦》的艺术生命	吴组缃　著　刘勇强　编
《红楼梦》探源	吴世昌　著
《西游记》漫话	林　庚　著
史诗《红楼梦》	何其芳　著 王叔晖　图　蒙　木　编
细说红楼	周绍良　著
红楼小讲	周汝昌　著　周伦玲　整理

曹雪芹的故事	周汝昌 著 周伦玲 整理
古典小说漫稿	吴小如 著
三生石上旧精魂——中国古代小说与宗教	白化文 著
《金瓶梅》十二讲	宁宗一 著
中国古典小说名作十五讲	宁宗一 著
古体小说论要	程毅中 著
近体小说论要	程毅中 著
《聊斋志异》面面观	马振方 著
《儒林外史》简说	何满子 著

我的杂学	周作人 著 张丽华 编
写作常谈	叶圣陶 著
中国骈文概论	瞿兑之 著
谈修养	朱光潜 著
给青年的十二封信	朱光潜 著
论雅俗共赏	朱自清 著
文学概论讲义	老 舍 著
中国文学史导论	罗 庸 著 杜志勇 辑校
给少男少女	李霁野 著
古典文学略述	王季思 著 王兆凯 编
古典戏曲略说	王季思 著 王兆凯 编
鲁迅批判	李长之 著
唐代进士行卷与文学	程千帆 著
说八股	启 功 张中行 金克木 著
译余偶拾	杨宪益 著
文学漫识	杨宪益 著
三国谈心录	金性尧 著
夜阑话韩柳	金性尧 著
漫谈西方文学	李赋宁 著
历代笔记概述	刘叶秋 著

周作人概观　　舒　芜　著
古代文学入门　　王运熙　著　董伯韬　编
有琴一张　　资中筠　著
中国文化与世界文化　　乐黛云　著
新文学小讲　　严家炎　著
回归，还是出发　　高尔泰　著
文学的阅读　　洪子诚　著
中国文学1949—1989　　洪子诚　著
鲁迅作品细读　　钱理群　著
中国戏曲　　么书仪　著
元曲十题　　么书仪　著
唐宋八大家
——古代散文的典范　　葛晓音　选译

辛亥革命亲历记　　吴玉章　著
中国历史讲话　　熊十力　著
中国史学入门　　顾颉刚　著　何启君　整理
秦汉的方士与儒生　　顾颉刚　著
三国史话　　吕思勉　著
史学要论　　李大钊　著
中国近代史　　蒋廷黻　著
民族与古代中国史　　傅斯年　著
五谷史话　　万国鼎　著　徐定懿　编
民族文话　　郑振铎　著
史料与史学　　翦伯赞　著
秦汉史九讲　　翦伯赞　著
唐代社会概略　　黄现璠　著
清史简述　　郑天挺　著
两汉社会生活概述　　谢国桢　著
中国文化与中国的兵　　雷海宗　著
元史讲座　　韩儒林　著

魏晋南北朝史稿	贺昌群　著
汉唐精神	贺昌群　著
海上丝路与文化交流	常任侠　著
中国史纲	张荫麟　著
两宋史纲	张荫麟　著
北宋政治改革家王安石	邓广铭　著
从紫禁城到故宫 ——营建、艺术、史事	单士元　著
春秋史	童书业　著
明史简述	吴　晗　著
朱元璋传	吴　晗　著
明朝开国史	吴　晗　著
旧史新谈	吴　晗　著　习　之　编
史学遗产六讲	白寿彝　著
先秦思想讲话	杨向奎　著
司马迁之人格与风格	李长之　著
历史人物	郭沫若　著
屈原研究（增订本）	郭沫若　著
考古寻根记	苏秉琦　著
舆地勾稽六十年	谭其骧　著
魏晋南北朝隋唐史	唐长孺　著
秦汉史略	何兹全　著
魏晋南北朝史略	何兹全　著
司马迁	季镇淮　著
唐王朝的崛起与兴盛	汪　篯　著
南北朝史话	程应镠　著
二千年间	胡　绳　著
论三国人物	方诗铭　著
辽代史话	陈　述　著
考古发现与中西文化交流	宿　白　著
清史三百年	戴　逸　著

清史寻踪	戴　逸　著
走出中国近代史	章开沅　著
中国古代政治文明讲略	张传玺　著
艺术、神话与祭祀	张光直　著 刘　静　乌鲁木加甫　译
中国古代衣食住行	许嘉璐　著
辽夏金元小史	邱树森　著
中国古代史学十讲	瞿林东　著
历代官制概述	瞿宣颖　著

宾虹论画	黄宾虹　著
中国绘画史	陈师曾　著
和青年朋友谈书法	沈尹默　著
中国画法研究	吕凤子　著
桥梁史话	茅以升　著
中国戏剧史讲座	周贻白　著
中国戏剧简史	董每戡　著
西洋戏剧简史	董每戡　著
俞平伯说昆曲	俞平伯　著　陈　均　编
新建筑与流派	童　寯　著
论园	童　寯　著
拙匠随笔	梁思成　著　林　洙　编
中国建筑艺术	梁思成　著　林　洙　编
沈从文讲文物	沈从文　著　王　风　编
中国画的艺术	徐悲鸿　著　马小起　编
中国绘画史纲	傅抱石　著
龙坡谈艺	台静农　著
中国舞蹈史话	常任侠　著
中国美术史谈	常任侠　著
说书与戏曲	金受申　著
世界美术名作二十讲	傅　雷　著

中国画论体系及其批评	李长之 著
金石书画漫谈	启 功 著 赵仁珪 编
吞山怀谷 ——中国山水园林艺术	汪菊渊 著
故宫探微	朱家溍 著
中国古代音乐与舞蹈	阴法鲁 著 刘玉才 编
梓翁说园	陈从周 著
旧戏新谈	黄 裳 著
民间年画十讲	王树村 著 姜彦文 编
民间美术与民俗	王树村 著 姜彦文 编
长城史话	罗哲文 著
天工人巧 ——中国古园林六讲	罗哲文 著
现代建筑奠基人	罗小未 著
世界桥梁趣谈	唐寰澄 著
如何欣赏一座桥	唐寰澄 著
桥梁的故事	唐寰澄 著
园林的意境	周维权 著
万方安和 ——皇家园林的故事	周维权 著
乡土漫谈	陈志华 著
现代建筑的故事	吴焕加 著
中国古代建筑概说	傅熹年 著
简易哲学纲要	蔡元培 著
大学教育	蔡元培 著 北大元培学院 编
老子、孔子、墨子及其学派	梁启超 著
春秋战国思想史话	嵇文甫 著
晚明思想史论	嵇文甫 著
新人生论	冯友兰 著

中国哲学与未来世界哲学	冯友兰　著
谈美	朱光潜　著
谈美书简	朱光潜　著
中国古代心理学思想	潘　菽　著
新人生观	罗家伦　著
佛教基本知识	周叔迦　著
儒学述要	罗　庸　著　杜志勇　辑校
老子其人其书及其学派	詹剑峰　著
周易简要	李镜池　著　李铭建　编
希腊漫话	罗念生　著
佛教常识答问	赵朴初　著
维也纳学派哲学	洪　谦　著
大一统与儒家思想	杨向奎　著
孔子的故事	李长之　著
西洋哲学史	李长之　著
哲学讲话	艾思奇　著
中国文化六讲	何兹全　著
墨子与墨家	任继愈　著
中华慧命续千年	萧萐父　著
儒学十讲	汤一介　著
汉化佛教与佛寺	白化文　著
传统文化六讲	金开诚　著　金舒年　徐令缘　编
美是自由的象征	高尔泰　著
艺术的觉醒	高尔泰　著
中华文化片论	冯天瑜　著
儒者的智慧	郭齐勇　著
中国政治思想史	吕思勉　著
市政制度	张慰慈　著
政治学大纲	张慰慈　著
民俗与迷信	江绍原　著　陈泳超　整理

政治的学问	钱端升　著	钱元强　编
从古典经济学派到马克思	陈岱孙　著	
乡土中国	费孝通　著	
社会调查自白	费孝通　著	
怎样做好律师	张思之　著	孙国栋　编
中西之交	陈乐民　著	
律师与法治	江　平　著	孙国栋　编
中华法文化史镜鉴	张晋藩　著	
新闻艺术（增订本）	徐铸成　著	
经济学常识	吴敬琏　著	马国川　编

中国化学史稿	张子高　编著	
中国机械工程发明史	刘仙洲　著	
天道与人文	竺可桢　著	施爱东　编
中国医学史略	范行准　著	
优选法与统筹法平话	华罗庚　著	
数学知识竞赛五讲	华罗庚　著	
中国历史上的科学发明（插图本）	钱伟长　著	

出版说明

“大家小书”多是一代大家的经典著作，在还属于手抄的著述年代里，每个字都是经过作者精琢细磨之后所拣选的。为尊重作者写作习惯和遣词风格、尊重语言文字自身发展流变的规律，为读者提供一个可靠的版本，“大家小书”对于已经经典化的作品不进行现代汉语的规范化处理。

提请读者特别注意。

北京出版社